Illisibilité partielle

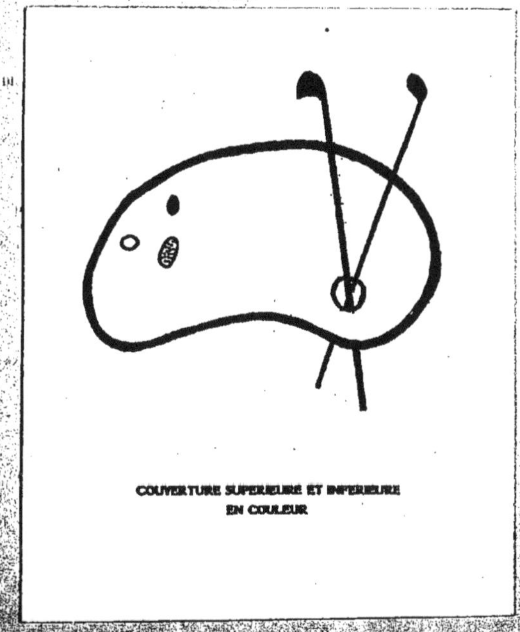

COUVERTURE SUPÉRIEURE ET INFÉRIEURE
EN COULEUR

ENCYCLOPÉDIE MORALE,

CONTENANT

LES DEVOIRS DE L'HOMME

EN SOCIÉTÉ,

OU

ECONOMIE

DE LA VIE CIVILE.

TRADUIT DE L'ANGLAIS,

Par Madame DE RIVAROL.

PRIX : 2 fr. broché.

A PARIS,

Chez FAVRE, Libraire, Palais du Tribunat,
Galeries de Bois, Nᵒ. 220, Aux-Neuf Muses,
et à son magasin, rue Traversière-St.-Honoré,
Nᵒ. 845, vis-à-vis celle de Langlade.

An XI — 1803.

AVERTISSEMENT
DU TRADUCTEUR.

Encore un livre de morale? Hélas! ce n'est pas ce qui nous manque : assez de gens ont pris soin de nous instruire de nos devoirs, de nous indiquer le chemin du bonheur, et de nous dire ce qu'il fallait faire pour y parvenir, et ces hommes sont les premiers hommes du monde, les plus beaux génies. Est-il, en effet, rien de comparable à la morale, surmontée de la religion?

Je ne reviens pourtant pas de mon étonnement, quand je jette un coup-d'œil sur nos divins moralistes, le perpétuel objet de mon étude, dès ma plus tendre jeunesse, et que je vois la corruption du siècle. Salomon, Confucius, Socrate, Platon, Epictète, Cicéron,

Some, Marc-Aurel, La Bruyère, La Rochefoucault, Pascal, Nicole, Fénélon, tous ces illustres mortels, y compris le Sauveur du monde, auront-ils existé en vain ? C'est ce que je ne saurais comprendre.

Néanmoins la morale, ce baume céleste, me paraît si nécessaire, si indispensable à l'homme, que je ne puis trop recommander la lecture du livre que je présente au Public. Je l'ai traduit dans le moment le plus critique, le plus pénible de ma vie, je veux parler de mon veuvage et de ses funestes suites, qui m'ont tant éclairé sur tout ce que je cherchais à ignorer.

J'y ai trouvé toutes les consolations que, dans ma position, j'aurais vainement cherché ailleurs; en le traduisant, je le méditais, et en le méditant, je m'améliorais; c'était un baume qui se versait sur mes plaies. C'est sans doute cette Providence, qui daigne seule veiller sur

moi, qui me l'a fait trouver à point nom-
mé : j'aurais, sans cela, eu peine à revenir d'une douleur si profondément
sentie.

J'ignore qui en est l'auteur. Le roman
du manuscrit, trouvé chez le Grand-
Lama, n'est, comme on le verra, qu'un
roman, que je donne pour tel au Public, que j'aurais même supprimé, s'il
eût dépendu de moi de le faire ; mais un
traducteur est tenu de donner son auteur
tel qu'il est.

Cet auteur estimable a renfermé dans
ce petit volume toute la quintescence de
la morale : il fera, comme je l'ai dit à l'édi-
teur, suite avec les autres moralistes ; ce
livre ne passera jamais de mode. L'auteur a voulu, autant qu'il est possible,
faire de l'homme social un sage ; il a voulu que la sagesse et la sociabilité se trou-
vassent sur la même ligne : et cependant
cette sagesse se rapproche infiniment de

ce vrai sage, presque introuvable, dont Cicéron nous parle dans ses Offices.

Cicéron veut que l'honnête l'emporte toujours sur l'utile ; il soutient qu'il n'y a de vraiment utile, que ce qui est vraiment honnête : qu'il n'y a d'homme de bien, que celui qui se tient strictement attaché à cette maxime : et que cet homme de bien est encore loin d'être un sage. — Que dire, que penser de ces âmes cupides, de ces hommes dépravés ? — Mais détournons la vue. — Voyons l'homme en beau, fixons nos regards sur les grands modèles, étudions les devoirs de l'homme social, *l'Economie de la vie humaine*. Les Anglais font si grand cas de cet ouvrage, qu'on a fait des éditions de ce petit volume qui coûtent jusqu'à cinquante écus l'exemplaire ; et ce peuple se connaît en bons auteurs.

Je ne dis rien de ma traduction, le Public en jugera ; l'anglais est un chef-d'œuvre, ceux qui l'entendent la compareront avec l'original.

Ce livre aurait paru beaucoup plutôt, si ce n'est que j'ai eu beaucoup de peine à le faire agréer des libraires. Tout cela tient à un bouleversement d'idées dont je n'étourdirai pas le lecteur, et qui me paraît parfois si plaisant, que loin de m'en fâcher, je suis presque toujours tentée d'en rir .

M. de Fontanes, qui est assurément un excellent juge, a bien voulu me prendre sur sa responsabilité, et a daigné parler en ma faveur, d'une manière beaucoup trop magnifique sans doute ; mais, sans ce suffrage, le manuscrit serait peut-être encore en ma possession, tant ce siècle de lumières est parfois couvert de ténèbres : on conçoit que j'en excepte M. de Fontanes.

Nous finirons par observer, avec l'auteur de la morale de Confucius, édition

de Londres 1783. » Que cet ouvrage est
» assez petit, si l'on ne regarde que le
» nombre de pages qui le compose; mais
» qu'il est très-grand, sans doute, si l'on
» considère l'importance des choses qui
» y sont renfermées ».

E. FLINT DE RIVAROL-VEUVE.

AVERTISSEMENT.

L'esprit de moralité et de vertu qui respirent dans ces antiques maximes orientales, leur force, leur brièveté, et l'espoir qu'elles peuvent être utiles, ont déterminé celui à qui elles ont été adressées, à communiquer au Public une traduction qui n'avait été faite que pour son usage particulier. Celui qui en fait hommage au Public, a pour le moment des raisons de cacher, non-seulement son nom, mais celui de son correspondant, qui a passé plusieurs années à la Chine, occupé d'affaires très-opposées aux recherches curieuses et intéressantes de la littérature. Ces raisons ne subsisteront pas toujours; et comme il paraît former le projet de revenir sous peu en Angleterre, et de publier une traduction complette du voyage de Cao-Trous *, le Public sera probablement à portée alors de savoir les particularités dont il pourrait être curieux de s'instruire.

---

* Il est question ici de la première partie de cet ouvrage, publiée quelque temps avant que la seconde eût paru.

Au comte de.....

Pekin , 12 mai 1749.

M ILORD,

Dans la dernière lettre que j'ai eu l'honneur de vous adresser, en date du 23 décembre 1748, je crois vous avoir dit tout ce que je savais relativement à la topographie et à l'histoire naturelle de ce grand empire. Je me proposais dans celle-ci et plusieurs autres, de vous rendre compte des observations que j'ai été à portée de faire, sur les lois, le gouvernement, la religion et les mœurs de ce peuple. Mais un événement extraordinaire, arrivé depuis peu, qui occupe tous les gens de lettrés de ce pays, et qui pourra par la suite devenir un sujet de spéculation pour les savants de l'Europe, m'ayant aussi

paru de nature à mériter votre attention , je vais , milord , vous en rendre
le compte le plus exact que j'ai pu m'en
procurer.

Près de la Chine et à son midi, se
trouve le vaste pays du Thibet, appelé
par les uns *Barantola*. Dans une des
provinces de ce pays , nommée *Lasa* ,
réside le grand Lama, ou grand-prêtre
de ces idolâtres, qui y est révéré et
même adoré comme un Dieu, par une
grande partie des nations voisines. La
haute opinion qu'ils ont de son caractère sacré , porte un grand nombre de
ces peuples religieux à se rendre à *Lasa*
pour lui offrir leurs hommages, lui faire
des présents et recevoir sa bénédiction.
Il est logé dans une pagode , ou temple
qui est de la plus grande magnificence,
bâti sur le haut de la montagne Pou-
tala ; le pied de cette montagne, et
même toute l'étendue du district de
Lasa, est habité par un nombre in-

croyable de lamas de différents ordres et de différents rangs ; plusieurs parmi eux ont de très-grandes pagodes, érigées à leur honneur, dans lesquelles ils reçoivent une espèce de culte inférieur. Tout le pays est comme l'Italie, plein de prêtres qui ne subsistent que du grand nombre de présents qui leur arrivent de l'extrémité la plus reculée de la Tartarie, de l'empire du grand Mogol, et de presque toutes les parties de l'Inde. Quand le Grand-lama reçoit l'adoration des peuples, il est placé sur un autel magnifique, et est assis les jambes croisées sur un superbe coussin. Ses adorateurs se prosternent devant lui, de la manière la plus humble et la plus abjecte, mais il n'y fait pas la moindre attention, ne parle jamais, pas même aux plus grands princes. Il ne fait qu'imposer les mains sur leurs têtes, et ils sont pleinement convaincus que cela suffit pour leur faire obtenir le pardon de tous leurs péchés ; ils ont même la folie de croire qu'il sait tout, jusqu'aux plus secrettes pensées de leurs cœurs, et ses disciples privés, au nombre d'environ deux cents, choisis parmi les plus éminents lamas, ont l'art de persuader au peuple qu'il est immortel, et que lorsqu'il semble mourir, il ne fait que changer d'enveloppe, et va ranimer un nouveau corps.

Les savants de la Chine ont longtemps cru que dans les archives de ce grand temple se trouvaient des livres anciens, cachés depuis nombre de siècles, et l'empereur actuel, qui est curieux de ces sortes de recherches, et qui tient infiniment aux écrits de l'antiquité, s'étant enfin persuadé de la probabilité du fait, résolut de voir s'il était possible de faire à cet égard quelques découvertes. Pour y réussir, il fit d'abord chercher un homme très-versé dans les langues anciennes et dans leurs caractères. Son choix se fixa enfin sur un Haulins, ou docteur de la première classe, qui se nommait Cao-Trous, homme d'environ cinquante ans, d'un extérieur grave et noble, d'une grande éloquence, et qui devait, à une liaison d'amitié qu'il avait eue avec un lama très-savant, qui avait passé plusieurs années à Pekin, la connaissance de la langue que les lamas du Thibet parlent entr'eux.

Muni de ces avantages, il entreprit le voyage, et pour donner plus de poids et d'importance à la mission dont il était chargé, l'empereur l'honora du titre de Claso, ou premier ministre, et joignit à cela un magnifique équipage, une grande suite, beaucoup de présents de prix, pour le Grand-Lama, et les autres lamas de marque, avec une lettre écrite de sa main, conçue en ces termes :

'Au représentant de Dieu, Très-haut, Très-saint et digne d'être adoré.

« Nous empereur de la Chine, souverain de tous les souverains de la terre, dans la personne de notre très-respectable premier ministre Cao-Trous, en toute révérence et humilité, nous prosternant au-dessous de tes pieds sacrés, implorant pour nous, nos amis et notre empire, ta puissante et bénigne bénédiction.

» Ayant le plus grand desir de faire des recherches dans les fastes de l'antiquité, pour apprendre et faire revivre la sagesse des siècles passés, et ayant su de bonne part que dans les dépôts sacrés de ton ancienne et vénérable hiérarchie, il se trouve des livres de grand prix, que leur antiquité rend presque inintelligibles aux savants mêmes; pour empêcher, autant qu'il est

ı notre pouvoir, qu'ils ne soient en-
ırement perdus, nous avons jugé à
·opos de charger notre très-savant et
ès-respectable ministre Cao-Trous, de
ette présente ambassade auprès de ta
ıblime sainteté, dont l'objet est de
ᵫemander qu'il lui soit permis de lire,
d'examiner lesdits écrits, nous flattant
que ses grandes et rares connaissances
lans les langues anciennes, le met-
tront à portée d'interpréter tout ce qui
se trouvera dans cette haute antiquité,
couvert de l'obscurité des temps; et
nous lui avons ordonné de se proster-
ner à tes pieds avec de tels témoignages
de notre respect, qui pourront, comme
nous le croyons, lui procurer l'au-
dience que nous demandons ».

Je ne veux pas, milord, vous amuser
des détails du voyage qu'il a fait publier, et où il se trouve beaucoup de
choses curieuses que je pourrai traduire
en entier, et donner au Public à mon

retour. Il suffit de vous dire qu'arrivé dans ces territoires sacrés, la pompe et la magnificence dont il était entouré, la richesse de ses présents, lui ont procuré une prompte et gracieuse réception. Il a été logé dans le sacré collége, et on lui a donné un des plus savants lamas pour l'aider dans ses recherches. Il y est resté près de six mois; pendant ce temps, il a été assez heureux pour trouver beaucoup de manuscrits d'une haute antiquité, dont il a fait plusieurs extraits, et formé des conjectures probables sur les différents auteurs auxquels il les attribue, et le temps où ils ont été écrits, a su par-là mériter le titre d'homme aussi judicieux que pénétrant, et est regardé comme un homme d'une vaste érudition.

Mais le morceau le plus savant qui se trouvait parmi ses découvertes, et qu'aucuns lamas des siècles passés n'ont pu parvenir à entendre ni à expliquer, est un petit système de moralité, écrit en langue et caractère des anciens Gymnosophistes Bramins; il n'a pu dire au juste par qui ni en quel temps. Cette pièce est traduite en entier; il convient qu'il ne peut se flatter d'y avoir mis cette force et ce sublime qui caractérise l'original, et dont la langue Chinoise n'a pu approcher. L'opinion et le jugement des bonzes et des plus savants docteurs, sont partagés à cet égard. Ceux qui l'admirent le plus sont portés à l'attribuer à Confucius leur grand philosophe, et passent sur la difficulté de ce qu'il est écrit en langue et en caractères des anciens Bramines, en supposant que ce n'est qu'une traduction, et que l'original fait par Confucius a été perdu. D'autres prétendent que ce sont les instituts de Laokiun, autre philosophe Chinois, contemporain de Confucius, et fondateur de la secte Tao-Sse, mais ils ont les mêmes difficultés à combattre relativement au langage, que ceux qui le donnent à Confucius. Il en est qui, d'après certains sentiments qu'ils y trouvent, supposent qu'il a été écrit par le Bramin Dundamis, dont la célèbre lettre à Alexandre-le-Grand est connue de tous les écrivains de l'Europe. Cao-Trous serait très-porté à être de leur avis, sur-tout en supposant qu'il nous vient de quelque ancien Bramin, étant pleinement convaincu d'après la force des pensées et des expressions, que ce ne peut être une traduction, ce qui les embarrasse néanmoins, et leur laisse beaucoup de doute, c'est le plan de l'ouvrage qui est sans exemple chez les Orientaux, et qui ressemble si peu à tout ce qu'on y voit, que, si ce n'était la tournure de quelques expressions particulièrement adaptées aux peuples de ces régions, l'impossibilité où ils sont de rendre compte dés raisons qui font qu'on le trouve écrit dans cet ancien langage, plusieurs seraient tentés de croire que c'est une production européenne.

Mais quelque soit l'auteur, le bruit qu'il fait dans cette ville et par tout l'empire, l'empressement avec lequel les différents peuples le lisent , l'éloge que les uns en font, m'ont enfin déterminé d'essayer d'en faire une traduction en anglais, étant persuadé , milord, qu'elle pourrait vous être agréable : et j'étais d'autant plus porté à en faire l'essai , qu'heureusement pour moi vous ne pourrez juger combien je suis loin de l'original, ou même du traducteur. Il est pourtant une chose dont je crois devoir me justifier, ou dont je dois au moins dire un mot, c'est le style et le ton que je me suis permis de prendre. Je puis vous assurer , milord, que, lorsque j'ai entrepris cette traduction , je n'avais nullement le projet de m'en acquitter ainsi, mais le ton sublime qui règne dans l'introduction, la force et l'énergie des expressions, la brièveté des sentences, m'ont naturellement porté à adopter ce genre de style, et les grands modèles que j'ai voulu suivre, tels que la version du livre de Job, les pseaumes, les œuvres de Salomon et les prophêtes, m'ont été d'un grand secours dans cette traduction.

Telle qu'elle est, je m'estimerai trop heureux, milord, si elle a pu vous être agréable. Je me propose dans ma première lettre de vous rendre un compte plus particulier de ce peuple et de son empire.

Je suis, etc.

INTRODUCTION.

Baissez la tête, fixez vos regards sur la poussière, ô vous, habitants de la terre ! et recevez avec respect et en silence les avis du Très-haut.

Par-tout où le soleil brille, par-tout où le vent soufle, par-tout où il se trouve des oreilles pour entendre, des esprits pour concevoir ; que les préceptes de la vie soient connus, les maximes de la sagesse honorées et suivies.

Tout vient de Dieu. Sa puissance est sans bornes, sa sagesse est éternelle, et sa bonté est toujours la même.

Assis sur son trône, placé au centre, le soufle de sa bouche anime tout ce qui respire.

De son doigt il touche les étoiles et elles parcourent rapidement leur orbe.

Il se promène dans l'immensité sur les les ailes du temps, et sa volonté s'exécute dans toutes les régions de l'espace sans bornes.

C'est de lui que l'ordre, la grâce, la beauté, découlent.

La sagesse paraît dans toutes ses œuvres, mais l'esprit humain ne saurait la comprendre.

L'ombre de la science passe comme un rêve au-dessus de l'esprit de l'homme ; il ne la voit que dans les ténèbres ; il raisonne, et se trompe.

Mais la sagesse de Dieu ressemble à la clarté des cieux ; il ne raisonne pas, son esprit est la source de toute vérité.

La justice, la miséricorde se tiennent près de son trône, la bienfaisance, l'amour, brillent à jamais sur son front.

Est-il rien de semblable à la gloire du seigneur ? est-il quelque pouvoir qui puisse le disputer au Tout-puissant ? a-t-il son égal en sagesse ? est-il quelque bonté qui lui soit comparable ?

C'est lui, ô homme, qui t'a créé ; ton

séjour sur la terre est fixé par son ordre : les facultés de ton esprit sont des
dons de sa bonté ; ta forme merveilleuse
est l'œuvre de sa main.

Entends sa voix, car elle est douce ;
celui qui lui obéit jouira de la paix de
l'âme.

PREMIERE PARTIE.

Devoirs de l'homme considéré comme individu.

SECTION PREMIERE.

Considération.

O homme ! confère avec toi-même,
demande-toi pourquoi tu as été créé.
Contemple tes facultés, contemple tes
besoins, tes rapports, et tu décou-
vriras les devoirs de la vie, tu sauras
diriger ta marche.

Ne parle, n'agis qu'après avoir pesé
tes mots, et vu la portée de chacun de

tes pas; tu verras alors le déshonneur fuir loin de toi, la honte te sera étrangère; le repentir inconnu, la douleur ne flétrira pas tes joues.

L'homme léger ne pose point de frein à sa langue, il parle à l'aventure, et il est pris dans le piège de ses propres folies.

Comme celui qui court à la hâte, et saute par-dessus la haie, peut tomber de l'autre côté dans le fossé qu'il n'a pas vu; il en sera de même de celui qui précipite sa marche dans une entreprise, sans en avoir prévu les suites.

Sois considéré, écoute les conseils de la raison, ses paroles sont celles de la sagesse, ses sentiers te conduiront sûrement à la vérité.

SECTION II.

La Modestie.

O homme! qui es-tu pour présumer

de ta propre sagesse ? ou pour te vanter de ton acquit ?

Le premier pas vers la sagesse, est de savoir que tu es ignorant : et si tu ne veux pas passer pour insensé aux yeux des autres, cesse de te regarder comme un sage.

Comme l'habit le plus simple pare le plus une belle femme, la décence du maintien est aussi le plus bel ornement de la sagesse.

Le langage de l'homme modeste donne du lustre à la vérité; la timidité de ses assertions absout ses erreurs.

Il ne se fie point à sa sagesse, il écoute les conseils d'un ami, et sait en profiter.

Il détourne l'oreille quand on le loue, ne croit pas ce qu'on lui dit, il est le dernier à s'appercevoir de ses propres avantages.

Comme le voile ajoûte à la beauté, ses vertus prennent un nouveau lustre sous l'ombre de la modestie dont il les couvre.

Regarde l'homme vain , observe l'arrogant : il se pare de riches atours, se promène dans les lieux publics , jette les yeux à l'entour, et cherche à se faire remarquer.

Il lève la tête, regarde le pauvre avec dédain , est insolent avec ses inférieurs ; ses supérieurs en revanche jettent sur lui un regard de pitié, rient de son orgueil et de sa folie.

Il méprise le jugement des autres, n'évalue que son opinion, et reste confondu.

Bouffi de vanité et de folles imaginations, il met son bonheur à parler, ou à entendre parler de lui le long du jour.

Avide d'éloges, il s'en abreuve, et le flatteur le ronge tout vif.

Section III.

L'Application.

Puisque le temps passé est à jamais perdu, et que l'avenir n'est point en ton pouvoir ; il te convient, ô homme ! d'employer le présent, sans regretter la perte du passé, et sans trop compter sur l'avenir.

L'instant présent est à toi ; celui qui suit dépend de l'avenir qui le conçoit, et tu ignores ce qu'il peut produire.

Hâte-toi de réaliser tes projets ; ne remets pas au soir ce que tu peux terminer le matin.

L'oisiveté engendre le besoin et le mal-aise ; la vertu laborieuse amène à sa suite le plaisir.

La diligence de sa main agissante tue le besoin ; la prospérité. les succès, sont les compagnons fidèles de l'homme industrieux.

Quel est celui qui s'est acquis des richesses, qui est devenu puissant, qui
s'est couvert de gloire, qu'on loue par
toute la ville, et qui se tient près du
roi dans son conseil ? Celui-là même
qui a chassé l'oisiveté de sa maison, qui
a dit à la paresse : tu es mon ennemie.

Il se lève matin et se couche tard, il
murit son esprit par la contemplation,
soutient ses forces par un exercice modéré, et conserve ainsi la santé de l'ame
et du corps.

Le paresseux est à charge à lui-
même ; les heures lui pèsent sur les
bras ; il va et vient, et ne sait que faire.

Ses jours se dissipent comme l'ombre d'un nuage, et il ne laisse après
lui aucune trace.

Sa santé dépérit faute d'exercice ; il
voudrait en faire et n'a pas la force de
se remuer ; son esprit est enveloppé de
ténèbres ; ses pensées sont confuses ; il
soupire

soupire après la science, mais il ne saurait s'appliquer.

Il voudrait manger l'amande, sans
se donner la peine de briser la coquille.

Sa maison est en désordre; ses domestiques sont dissipateurs, débauchés;
il court à sa ruine; il le voit de ses yeux,
l'entend de ses oreilles, branle la tête,
et voudrait arrêter le mal, mais il ne
saurait s'y résoudre; la ruine vient enfin
l'entraîner comme un torrent, la honte
et le repentir descendent avec lui dans
la tombe.

SECTION IV.

L'Emulation.

Si tu as la noble ambition de la
gloire, si ton oreille se plaît à entendre l'éloge mérité, élève-toi au-dessus
de la poussière d'où tu es sorti, prends
ton essor vers un objet digne d'admiration.

Le chêne, dont les branches s'élè-

B

vent vers le ciel, n'était qu'un petit
gland renfermé dans le sein de la terre.

Quelque soit ta profession, fais en-
sorte d'en être le premier; sur-tout
que personne ne te surpasse à bien
faire : néanmoins, ne sois pas jaloux
du mérite d'un autre, mais songe à perfectionner tes propres talents.

Dédaigne les moyens malhonnêtes,
et n'use jamais de supercherie pour déprimer ton émule; ne cherche à t'élever au-dessus de lui qu'en le surpas-
sant : si les succès te manquent, tu
verras tes efforts couronnés par l'honneur.

Une sage émulation améliore l'homme, ennoblit son esprit, il soupire
après la renommée, et, semblable au
coursier, il se réjouit de parcourir la
carrière marquée.

Il s'élève comme le palmier, en dépit
de tout ce qui l'opprime, et, comme
l'aigle du firmament, plane au haut des

cieux, et fixe de ses regards perçants, l'éclat du soleil.

Il ne rêve la nuit qu'aux actions qui distinguent les grands hommes, et le jour il se les propose pour modèles.

Il forme de grands projets, se plaît à les exécuter, et sa renommée s'étend jusqu'aux confins du monde.

Mais le cœur de l'envieux est plein de fiel et d'amertume, sa langue est venimeuse, le poison découle de ses lèvres, le succès de ses voisins trouble son repos.

Enfermé dans son bouge, il se désespère : le bonheur qui arrive à un autre fait le tourment de sa vie.

Son cœur se nourrit de haine et de méchanceté, sans lui donner de relâche.

Il ne se sent aucun penchant au bien, et croit que tout le monde lui ressemble.

Il cherche à déprimer ceux qui le

surpassent, et à donner une maligne interprétation à tout ce qu'ils font.

Il se tient aux aguets et projette le mal ; mais la haine de ses semblables le poursuit, et il est écrasé comme l'araignée dans sa toile.

SECTION V.

La Prudence.

Ecoute les leçons de la Prudence, sois attentif aux conseils qu'elle te donne, loge-les dans ton cœur ; ses maximes sont d'un usage universel, toutes les vertus en dérivent, elle guide et maîtrise la vie humaine.

Mets un frein à ta langue, pose une sentinelle sur tes lèvres ; crains que les paroles qui sortent de ta bouche ne détruisent ton repos.

Que celui qui se moque d'un boiteux, songe à marcher droit : quiconque prend plaisir à parler du faible des autres, né sera point épargné sur les siens, et se verra dans l'amertume de son cœur accablé de reproches.

Trop parler nuit; le silence met à couvert.

Un grand parleur est un fléau dans la société; les oreilles se lassent d'entendre son babil; ce flux de paroles est un torrent qui se déborde et qui engloutit les conversations.

Ne fais point le fanfaron si tu ne veux t'attirer le mépris. Déprécier les autres est aussi très-pernicieux.

Une mauvaise plaisanterie porte à l'amitié un coup mortel; celui qui ne saurait modérer sa langue, se prépare bien des peines.

Jouis de tout ce qui convient à l'état de ta fortune, mais cependant modère ta dépense, pour que la prévoyance de ta jeunesse puisse te réserver des douceurs dans la vieillesse.

Occupe-toi de tes propres affaires,

laisse aux gouvernants le soin de celles de l'État.

Que tes plaisirs ne soient pas dispendieux, crains que le prix qu'ils t'auront coûté n'en trouble la jouissance.

Que la prospérité n'aveugle point ta prudence, et que l'abondance ne te rende pas prodigue : celui qui donne trop à son superflu, se verra un jour dans le cas de manquer du nécessaire.

Que l'exemple des autres serve à te rendre sage, et corrige-toi de tes défauts en voyant leurs folies.

Ne donne ta confiance qu'à celui que tu auras éprouvé ; néanmoins se méfier sans connaissance de cause, c'est manquer à la charité.

Lorsque tu es assuré de la probité d'un homme, loge-le dans ton cœur comme un trésor, et regarde-le comme une pierre précieuse sans prix.

Refuse les bienfaits de l'homme intéressé ; c'est un piége qu'il te tend ; tu auras beau faire, tu ne pourras jamais t'acquitter de cette obligation.

Ne consume pas aujourd'hui ce qui peut t'être nécessaire pour demain : ne laisse pas au hasard ce que ta prévoyance aurait pu assurer, ou ce que tes soins auraient pu prévenir.

Mais n'attends même pas de ta Prudence un succès infaillible : le jour ignore ce que la nuit pourra produire.

Le fou n'est pas toujours malheureux, et le sage ne réussit pas toujours ; mais le fou n'a jamais joui d'un bonheur parfait, et le sage n'est jamais entièrement malheureux.

SECTION VI.

La Force.

Les périls, l'adversité, le besoin, la peine, l'injustice, sont plus ou moins le lot inévitable de tout homme qui vient au monde.

Il te convient donc, ô enfant du malheur ! de t'armer dès l'aurore de tes jours, de courage et de patience, pour que tu puisse soutenir, avec une fermeté convenable, la portion de mal assignée à ton lot.

Comme le chameau supporte la fatigue, la chaleur, la faim, la soif, traverse les déserts sans succomber ; le courage doit de même soutenir l'homme dans ses adversités.

Un esprit élevé sait mépriser les injures de la fortune ; sa grande âme ne se laisse point abattre.

Comme il n'a pas fait dépendre son bonheur de ses faveurs, ses rigueurs n'ont rien qui l'étonnent.

Il est semblable au rocher sur les bords de la mer, contre lequel les flôts vont se briser sans l'ébranler.

Il tient sa tête élevée comme une tour sur une montagne, et voit tomber à ses pieds, les traits que la fortune lu lance.

Au moment du danger, il est soutenu par son courage, et la tranquillité de son âme maintient sa marche.

Il voit les maux de la vie du même œil que celui qui va à la guerre, et qui en revient la victoire à la main.

Opprimé par l'infortune, le calme de son âme en allège le poids, et sa constance sait en triompher.

Mais le poltron au cœur lâche se couvre d'opprobre.

En succombant sous la pauvreté, il s'avilit ; en supportant patiemment l'insulte, il provoque l'injure.

Tel qu'un soufle léger ébranle le roseau, l'ombre du malheur le fait trembler.

Au moment du danger il est embarrassé et perd la tête ; au jour du malheur il succombe sous l'infortune, et le désespoir s'empare de son âme.

Section VII.

Le Contentement.

Souviens-toi, ô homme ! que ton séjour sur la terre est marqué par la sagesse de l'Éternel qui connaît ton cœur, qui voit la vanité des souhaits que tu formes, et qui souvent, dans sa miséricorde refuse tes demandes.

Cependant sa bonté a voulu que tes sages desirs, tes nobles efforts fussent accessibles par la nature même des choses.

Ces inquiétudes que tu éprouves, ces malheurs dont tu te plains, vois la source d'où ils partent ; de ta folie, de ton orgueil, de ton imagination malade.

Ne murmure donc pas contre les dispensations de l'Éternel ; réforme ton cœur, et ne dis pas, si j'étais riche, puissant, ou que j'eusse du loisir, je serais heureux. Il faut que tu saches que

tous ces avantages ont leurs inconvénients, et qu'on ne les possède pas
impunément.

Le pauvre ne voit pas les vexations et
les sollicitudes du riche, il ne sent pas
les difficultés, les embarras du pouvoir,
il ne connaît pas l'ennui de la satiété ;
c'est pourquoi il se plaint de son lot.

N'envie pas le bonheur app rent d'aucun mortel, tu ne connais pas ses douleurs secrètes.

Se contenter de peu est la sagesse suprême ; celui qui augmente ses richesses,
augmente ses soucis ; le contentement
intérieur est un trésor caché, inaccessi-
ble à la douleur.

Cependant, si les attraits de la fortune ne te ravissent pas, l'amour de la
justice, de la tempérance, de la charité,
de la modestie, les richesses mêmes ne te
rendront pas malheureux.

Elles te prouveront seulement qu'un
bonheur sans mélange est un breuvage

céleste, dont les mortels ne sauraient goûter.

- La vertu est la course que Dieu impose à l'homme, le bonheur en est le prix; il n'y parvient qu'après avoir fourni sa carrière et reçu la couronne dans le séjour de l'éternité.

SECTION VIII.

La Tempérance.

Ce qui, de ton vivant, approchera le plus du bonheur, sera d'avoir reçu du ciel le don de l'esprit et celui de la santé.

Si tu jouis de ces dons, et si tu veux parvenir à la vieillesse, évite les attraits de la volupté et fuis ses appas.

Quand elle couvre sa table de mets délicats, quand le vin brille dans sa coupe, quand elle te sourit et t'engage à jouir, à être heureux; c'est alors que l'heure du danger sonne, et que la raison doit se tenir ferme et être sur ses gardes.

Si tu prêtes l'oreille au discours de ses partisans, tu sera trompé et trahi.

La joie qu'elle te promet dégénère en folie, et ses jouissances conduisent aux maladies, à la mort.

Examine sa table, jette les yeux sur ses convives, observe tous ceux que ses charmes ont séduits, que ses attraits ont entraîné.

Ne sont-ils pas maigres, maladifs, abattus ?

Les courtes heures de gaîté et de délire ont été suivies de longs jours de peine et de tristesse. Elle a, par ses débauches, blasé leur appétit, au point qu'ils ne savourent plus les mets les plus exquis : elle a fait de ses dévoués des victimes ; effet naturel, suite nécessaire de l'ordre que Dieu a jugé à propos d'établir dans les choses, pour punir tous ceux qui abusent de ses dons.

Mais quelle est celle que j'apperçois, que les Grâces accompagnent dans sa marche, qui, d'un pas léger, semble glisser sur la plaine?

Le coloris de la rose est sur ses joues, son haleine a la douceur des parfums du matin; une joie tempérée par l'innocence et la pudeur, éclate dans ses yeux, et les chants qui accompagnent sa marche annoncent la gaîté de son cœur.

Son nom est la Santé; elle est fille de l'exercice, qui l'a eue de la Tempérance; leurs fils habitent les montagnes qui s'étendent dans les régions du nord de San-Ton-Hoe.

Ils sont braves, actifs, vifs, et ont eu en partage la beauté et les vertus de leur sœur.

La vigueur donne de l'élasticité à leurs nerfs, la force réside dans leurs os, et un travail continuel fait leur bonheur.

Les occupations de leur père excitent leur appétit, et les repas de leur mère les remettent de leurs fatigues.

Ils font leurs délices de vaincre leurs passions, et mettent leur gloire à triompher de leurs mauvaises habitudes.

Leurs plaisirs sont modérés et durables; leur repos est court, mais profond; rien ne le trouble.

Leur sang est pur, leur esprit est paisible, le médecin ignore le chemin qui conduit à leurs habitations.

Mais rien n'est stable chez les fils de l'homme; rien n'est assuré dans l'enceinte de leurs murs.

Voyez-les exposés aux dangers du dehors, tandis qu'un ennemi au-dedans est aux aguets pour les trahir.

Leur santé, leur force, leur beauté, leur activité ont fait naître le desir dans le sein de l'amour impudique; c'est-à-dire, la débauche.

Elle se tient dans ses bosquets, sollicite leurs regards , leur tend des piéges.

Ses formes arrondies sont douces et délicates , sa parure est négligée et attrayante, ses yeux sont passionnés , son extérieur séduisant. Elle leur fait signe du doigt, ses regards ne respirent que l'amour ; elle cherche à les tromper par la douceur de son langage.

Ah ! fuis son attrait , ferme l'oreille à ses discours enchanteurs. Si tu fixes la langueur de ses yeux, si tu écoutes la douceur de sa voix, si elle te tient dans ses bras , elle t'enchaînera à jamais.

La honte , la maladie , le besoin , les soucis , le repentir la suivent.

Enervé par ses plaisirs folâtres , appesanti par les excès de la table , amolli par la paresse , tes forces s'épuiseront , tes membres s'affaibliront, ta santé disparaîtra , tes jours comptés te couvriront d'opprobre , tes chagrins seront sans nombre, et personne ne te plaindra.

II.e PARTIE.

Les Passions.

SECTION PREMIÈRE.

L'Espoir et la Crainte.

Les promesses de l'espoir sont plus douces que celles de la rose naissante, et flattent davantage celui qui les attend ; mais les menaces de la crainte frappent l'âme de terreur.

Néanmoins, ne te laisse pas séduire par l'espoir, ni arrêter par la crainte de faire ce que tu dois, tu seras alors tranquille et préparé à tout événement.

Les terreurs de la mort ne sont point telles pour l'homme de bien ; celui qui ne fait point de mal n'a rien à redouter.

Dans toutes les entreprises, qu'un espoir légitime soutienne tes efforts ; si tu désespères du succès, tu ne réussiras jamais.

Ne te laisse point aller à de vaines craintes, et que ton cœur ne succombe pas sous les fantômes de ton imagination.

Le malheur naît de la crainte : celui qui espère franchit les obstacles.

Comme l'autruche, lorsqu'il est poursuivi, cache sa tête, mais oublie le corps; de même la crainte du lâche l'expose au danger.

Si tu crois une chose impossible, ton découragement seul suffira pour la rendre telle : celui qui tient bon, surmonte toutes les difficultés.

Un vain espoir flatte le cœur d'un sot; mais le sage ne s'y arrête pas.

Que la raison accompagne tous tes desirs ; que ton espoir ne passe jamais les bornes de la probabilité ; c'est ainsi que le succès couronnera toutes tes entreprises, et ton cœur ne connaîtra pas les déplaisirs des fâcheux contre-temps.

SECTION II.

La Joie et le Chagrin.

Que ta joie ne soit jamais assez folle pour enivrer ton esprit, ni ta douleur assez profonde pour opprimer ton cœur : ce monde-ci ne produit pas de bien assez ravissant, et n'inflige pas de peine assez sévère, pour t'élever trop au-dessus, ou te plonger trop au-dessous des bornes de la modération.

Tu vois là-bas cette maison où la joie règne; elle est peinte au-dehors, a l'air riante, tu pourras aisément la reconnaître aux cris de joie et d'allégresse qui en sortent.

La maîtresse se tient à la porte et appelle à grands cris les passants; elle chante, rit et danse sans cesse.

Elle invite tout le monde à entrer pour goûter les plaisirs de la vie, qui ne se trouvent (dit-elle) nulle part que chez elle

Mais ne t'approche pas de sa porte , ne t'associe pas avec ceux qui fréquentent sa maison.

Ils s'appellent les fils de la joie ; ils rient et semblent se réjouir ; mais l'extravagance et la folie sont le résultat de tout ce qu'ils font.

La malice qui les conduit , les tient tous par la main, leurs pas sont tournés vers le mal , ils sont de toutes parts entourés de dangers : le précipice de la destruction s'entr'ouvre sous leurs pieds.

Regarde maintenant de l'autre côté, et vois dans cette vallée couverte d'arbres , impénétrable aux regards de l'homme , le séjour de la douleur.

Son sein est gros de soupirs, sa bouche est pleine de lamentations ; elle se plaît à gémir sur les calamités humaines.

Elle envisage les maux ordinaires de la vie et pleure ; la faiblesse et la méchanceté de l'homme sont ses thèses favorites.

La nature, lui paraît fertile en mal ; chaque objet qu'elle apperçoit prend la teinte des couleurs rembrunies de son imagination , et ses complaintes attristent sa demeure nuit et jour.

N'approche pas de son antre, son haleine est contagieuse, elle ferait périr les fruits et fanerait les fleurs qui ornent et parent le jardin de la vie.

En évitant la maison de la joie, que tes pas ne te portent pas sur les bords de cette triste habitation; mais poursuis avec soin le sentier qui se trouve au milieu, et qui te conduira par une montagne qui s'élève insensiblement au bosquet de la tranquillité.

La paix habite avec elle ; la sécurité et le repos y habitent aussi : elle est enjouée sans folie, sérieuse sans tristesse; elle voit du même œil les plaisirs et les peines de la vie.

Placé sur cette éminence, tu verras la folie et la misère de ceux qui, de gaieté de cœur, vont se loger avec les compagnons de l'ivresse, de la folle joie et de la débauche, ou qui, se laissant infecter de tristesse et de mélancolie, passent leurs jours à se plaindre des malheurs et des calamités humaines.

Tu les regarderas l'un et l'autre en pitié, et leur mépris du bon chemin, te préservera de pareilles erreurs.

Section III.

La Colère.

Comme le tourbillon dans sa fureur déracine les arbres, déforme et change la face de la nature; ou comme le tremblement de terre dans ses convulsions renverse les villes; c'est ainsi que la rage d'un homme en colère, est le fléau de tout ce qui l'entoure; le danger, la destruction l'accompaguent.

Réfléchis, n'oublie pas ta propre faiblesse, et tu pardonneras aisément les fautes des autres.

Ne te laisse pas aller à la colère, c'est aiguiser une épée pour t'en percer le sein, ou pour assassiner un ami.

Si tu supportes patiemment de légers outrages, cela sera imputé à ta sagesse, et si tu les effaces de ton souvenir, ton cœur sera sans reproche.

Ne vois-tu pas que l'homme en colère perd l'esprit? Tandis que tu jouis de ton bon sens, que la colère d'un autre te serve de leçon.

Ne fais rien dans la colère. Pourquoi voudrais-tu aller en mer au fort de la tempête?

S'il est difficile de gouverner la colère, il est sage de la prévenir : évite donc avec soin tout ce qui peut la provoquer, ou sois en garde lorsque l'occasion s'en présente.

Les propos insolents enflâment le

fou; le sage en rit et les tourne en dérision.

Ne nourris pas en toi l'esprit de vengeance, ton cœur en serait tourmenté,
et ses plus heureuses dispositions seraient perverties.

Sois plus disposé à pardonner qu'à
rendre une injure : celui qui ne cherche que l'occasion de se venger, se tend
des piéges à lui-même, et ne fait qu'attirer des malheurs sur sa tête.

Une réponse douce fait à un homme
en colère, comme l'eau qu'on jette sur
le feu, abat sa fureur; et peut d'un ennemi te faire un ami.

Considère combien peu de choses
sont dignes de colère, et tu seras convaincu qu'il n'y a que des insensés qui
puissent s'emporter.

La colère en son début est folie ou
faiblesse; mais souviens-toi, et sois très-
assuré qu'elle se termine presque toujours en regrets.

La

La honte marche sur les traces de la folie; le remords suit de près la colère.

SECTION IV.

La Pitié.

Comme les fleurs et la verdure naissante sont semées sur la terre par la main du printemps; comme les bienfaisantes ardeurs de l'été murissent et amènent au point de perfection les richesses de la moisson : ainsi le regard compâtissant de la pitié répand ses bienfaits sur les enfants de l'infortune.

Celui qui prend part aux peines des autres , intéresse en sa faveur; mais celui qui est sans pitié, n'en mérite aucune.

Le boucher n'est point sensible au bêlement de l'agneau ; le cœur de l'homme cruel n'est point touché de la détresse du malheureux.

Mais les larmes de l'homme compâtissant sont plus douces que la rosée tombante du sein des fleurs , au printemps.

Ne ferme pas l'oreille aux cris du pauvre , et n'endurcis pas ton cœur contre les calamités qui accablent l'innocent.

Quand l'orphelin t'appelle, quand le cœur de la veuve est prêt à lui manquer , et qu'elle implore ton secours avec les larmes de la tristesse. O! prends pitié de sa douleur ; tends la main à ceux qui n'ont personne pour les aider.

Quand tu vois des malheureux presque nuds, transis de froid , courir les rues , et n'ayant point de lieu pour se retirer ; que ton cœur s'attendrisse, que ta bonté se manifeste , que les aîles de la charité les couvrent et les sauvent de la mort, pour que ton âme se vivifie.

Tandis que le pauvre gémit sur son lit de douleur , que le malheureux languit dans les horreurs d'un donjon, ou que la tête, blanchie par les années, il lève des yeux affaiblis, et implore ta pitié, comment peux-tu te livrer aux excès d'un superflu scandaleux, sans égard pour leurs besoins, insensible à leurs cuisantes peines.

SECTION V.

Le Desir et l'Amour.

Garde-toi, jeune homme, garde-toi de l'attrait séduisant de la volupté; que la femme débauchée ne t'entraîne pas aux excès de l'amour.

Les desirs immodérés seront frustrés dans leur attente; l'aveuglement de cette rage te conduira à ta propre destruction.

N'abandonne pas ton cœur à ses douces séductions, et que ton âme ne soit pas l'esclave de ses charmes illusoires.

La fontaine d'où la santé découle, qui doit fournir au courant du plaisir, sera bientôt tarie, et les sources de la joie s'épuiseront.

A la fleur de ton âge, la vieillesse s'emparera de toi; ton soleil se couchera à son levant.

Mais quand la vertu, la modestie parent les charmes d'une belle femme, l'éclat de sa beauté surpasse celui des étoiles du firmament, et son influence est une puissance à laquelle rien ne saurait résister.

La blancheur de son sein efface celle du lys, son sourire est plus délicieux qu'un jardin de roses.

Son œil a l'innocence de celui de la tourterelle; la simplicité et la vérité habitent dans son cœur.

Les baisers de sa bouche sont plus doux que le miel; le soufle de ses lèvres ressemble aux parfums de l'Arabie.

Ne ferme pas ton âme à l'amour, à la tendresse, la pureté de sa flamme ennoblira ton cœur, en l'amolissant il le préparera à recevoir les plus belles impressions.

IIIe. PARTIE.

La Femme.

Ecoute, fille chérie de l'amour, les conseils de la prudence, et que les préceptes de la vérité se logent profondément dans ton cœur; c'est ainsi que les charmes de ton esprit ajouteront un nouveau lustre aux grâces de ta figure, à ces formes élégantes ; et ta beauté comme celle de la rose à laquelle elle ressemble, conservera sa douceur en perdant sa fraîcheur.

Au printemps de ta jeunesse, à l'aurore de tes jours, lorsque les yeux de l'homme se fixeront avec délices sur toi, et que la nature te dira tout bas ce que ses regards signifient; oh ! écoute avec prudence son langage séducteur, garde bien ton cœur, et ne te laisse pas aller à ses douces persuasions.

Souviens-toi que tu as été créée pour être la compagne de l'homme et non l'esclave de ses passions ; que tu n'as pas été destinée à gratifier simplement ses desirs dissolus, mais à l'aider à soutenir les amertumes de la vie, à calmer ses chagrins par ta tendresse ; les caresses sont le dédommagement de ses peines et la récompense de ses soins.

Quelle est celle qui gagne le cœur de l'homme, qui captive son amour, et qui étend son empire sur toutes ses facultés ?

La voilà : elle se promène sous les attraits d'une vierge au front pudique, au maintien modeste, à l'innocence de l'esprit, à la pureté de cœur.

Ses mains cherchent l'occupation, ses pieds ne courent point après le plaisir de se montrer en public.

Elle est vêtue des mains de la propreté, nourrie par la tempérance; l'humilité, la douceur ceignent sa tête d'une couronne de gloire.

Le son de sa voix est la musique de l'âme, la douceur du miel découle de ses lèvres.

La décence règne dans toutes ses paroles, ses réponses sont simples et vraies.

La soumission, l'obéissance, sont l'étude de sa vie, la paix, le bonheur en sont la récompense.

La prudence marche devant elle, la vertu se tient à sa droite.

Ses yeux parlent le langage de l'amour; mais la discrétion, le sceptre en main, est assise sur son front.

La langue du libertin est muette en sa présence; le respect que sa vertu inspire le réduit au silence.

Quand le scandale vient tout troubler, et déchirer de sa dent meurtrière la renommée de ses voisins; si la charité, la bonté d'âme ne la portent pas à ouvrir la bouche, le doigt du silence se pose sur ses lèvres.

Son âme est le séjour de la bonté, et elle ne soupçonne pas le mal dans les autres.

Heureux l'homme qui en fera sa femme! heureux l'enfant dont elle sera la mère!

Elle préside dans sa maison et la paix y règne; elle commande avec discernement et elle est obéie.

Elle se lève le matin, examine les devoirs du jour et distribue à chacun la tâche qui lui convient.

Le soin de sa famille est son unique plaisir, elle s'y donne tout entière : on voit dans sa maison l'élégance se joindre à une sage économie.

La prudence de sa conduite honore son mari; il trouve un charme secret à l'entendre louer.

Elle forme l'esprit de ses enfants par

des leçons de sagesse ; leurs mœurs se modèlent sur l'exemple de sa bonté.

Un mot de sa bouche est la loi de leur jeunesse ; un coup-d'œil, un ordre d'obéir.

Elle parle, et ses domestiques courent ; elle montre du doigt, et la chose est faite : la loi de l'amour est écrite dans leurs cœurs, et sa bonté donne des ailes à leurs pieds.

Dans la prospérité elle n'est point bouffie d'orgueil ; dans l'adversité, elle guérit par sa patience les plaies que lui fait la fortune.

Par ses avis , elle allège les peines de son mari , en adoucit l'amertume par sa tendresse : c'est dans son sein qu'il dépose son cœur, c'est d'elle qu'il reçoit toutes ses consolations.

Heureux l'homme qui en a fait sa femme ! heureux l'enfant dont elle est la mère.

C 5

IVᵉ. PARTIE.

CONSANGUINITÉ OU PARENTÉ.

SECTION PREMIÈRE.

Le Mari.

Prends une femme à toi seul et obéis aux commandements de Dieu : prends une femme à toi seul, et sois un membre fidèle de la société.

Mais examine-la avec soin, et ne te fixe pas subitement. Du choix du moment présent, dépend ton bonheur futur.

Si elle passe son temps à s'habiller et à se parer, si elle est éprise de sa propre beauté, si elle prend plaisir à s'entendre louer, si elle rit beaucoup, parle trop, si elle ne se tient pas dans la maison de son père, si elle fixe d'un œil effronté les regards de l'homme; quand elle serait belle comme le soleil au fir-

mament, détourne la vue de ses charmes, fuis ses traces, et que ton âme
ne se laisse point aller aux piéges que
ton imagination te tend.

Mais quand tu trouveras la sensibilité
du cœur jointe à la douceur du caractère, un esprit cultivé avec une figure
qui te soit agréable, prends-la, em-
mènes-la dans ta maison, elle est digne
d'être ton amie, ta compagne dans la
vie, la femme de ton cœur.

Chéris-la, regarde-la comme un don
du ciel; que ta bonne conduite envers
elle te rende cher à son cœur.

Elle est la maitresse de ta maison,
traite-la avec respect, afin que tes serviteurs puissent lui obéir.

Ne t'oppose pas sans raison à ce qui
peut lui être agréable; elle est associée
à tes peines, qu'elle soit la compagne de
tes plaisirs.

Reprends-la doucement de ses fautes,

n'exige point avec rigueur son obéissance.

Confie tous tes secrets à son cœur,
ses avis seront sincères, tu ne seras pas
trompé.

Sois fidèle à sa couche, elle est la
mère de tes enfants.

Si la maladie, les chagrins viennent
l'assaillir, que ta tendresse calme sa
douleur; un regard d'intérêt et d'amour
suffira pour alléger ses souffrances,
pour dissiper sa tristesse, et lui sera
plus salutaire que dix médecins.

Songe aux ménagements que tu dois
à la délicatesse de son sexe, à des formes
si belles, si fragiles; n'use pas de sévérité envers sa faiblesse, mais souviens-
toi de tes propres imperfections.

S E C T I O N I I.

Le Père.

Considère, toi qui es père, l'importance de la tâche confiée à tes soins. Cet être que tu as produit, il est de ton devoir de le soutenir.

Il dépend de toi seul que cet enfant, né de toi, fasse ton bonheur ou ton malheur, qu'il devienne un membre utile ou funeste à la société.

. Prépare-le donc de bonne heure par tes instructions, imprime dans son esprit les maximes de la vérité.

Vois où son penchant le porte, redresse-le dans sa jeunesse, pour que ses mauvaises habitudes ne se fortifient pas avec les années.

Il s'élevera ainsi comme le cèdre sur la montagne ; sa tête surpassera tous les arbres de la forêt.

Un fils méchant fait le blâme du père ; mais celui qui se conduit bien, est l'honneur de ses cheveux blancs.

Le sol est à toi ; ne le laisse pas manquer de culture : suivant ce que tu auras semé, tu récolteras.

Enseigne-lui l'obéissance, et il te bénira ; enseigne-lui la modestie, et il n'aura aucun sujet de rougir.

Enseigne-lui la reconnaissance, et il recevra des bienfaits ; enseigne-lui la charité, et il obtiendra l'amour.

Enseigne-lui la tempérance, et il aura la santé ; enseigne-lui la prudence, et la fortune suivra ses pas.

Enseigne-lui la justice, et il se fera honorer ; enseigne-lui la sincérité, et son cœur sera sans reproche.

Élève-le à être diligent, et son bien s'accroîtra ; enseigne-lui la bienfaisance et son âme s'aggrandira.

Enseigne-lui la science, et sa vie sera utile ; enseigne-lui la religion, et sa mort sera heureuse.

SECTION III.

Le Fils.

Que l'homme apprenne la sagesse des

créature de Dieu, et qu'il profite des leçons qu'il en reçoit.

Va au désert, mon fils, observe la jeune cigogne dans les forêts sauvages, qu'elle parle à ton cœur, tu la verras porter sur ses ailes son vieux père, elle le loge dans un lieu de sûreté, et pourvoit à sa nourriture.

La piété filiale est plus douce que l'encens que la Perse présente au soleil, et plus délicieuse que les parfums des champs embaumés de l'Arabie, que la brise répand dans l'air.

Sois reconnaissant envers ton père, il t'a donné le jour; et envers ta tendre mère qui t'a nourri.

Ecoute les paroles qui sortent de sa bouche, elles ne sont dites que pour ton bien. Sois attentif aux avis qu'il te donne, c'est l'amour qui les dicte.

Il a veillé pour ton bien-être, il a travaillé pour te procurer de l'aisance: honore donc son âge, et que ses cheveux blancs ne soient pas traités avec mépris.

N'oublie pas la faiblesse de ton enfance, ni l'opiniâtreté de ta jeunesse; et compâtis aux infirmités de l'âge avancé de tes parents; aide-les, soutiens-les au déclin de la vie.

Et leurs têtes blanchies par les ans, descendront en paix dans la tombe, et tes enfants, en respectant ton exemple, récompenseront ta piétié par leur amour filial.

SECTION IV.

Les Frères.

Vous êtes enfants du même père, qui, par ses soins, a pourvu à vos besoins; et vous avez été allaités par la même mère.

Que les liens de l'amitié fraternelle vous tiennent tous unis, pour que la paix et le bonheur habitent dans la maison de votre père.

Et quand vous vous séparerez dans le monde, souvenez-vous des liens de la parenté et de l'amitié qui doivent vous tenir unis; et ne préférez pas un étranger à votre propre sang.

Si votre frère est dans l'adversité, aidez-le; si votre sœur est dans la peine, ne l'abandonnez pas.

C'est ainsi que la fortune de votre père contribuera au soutien de toute sa race; et ses soins envers vous tous se perpétueront par votre amour réciproque.

V^e. PARTIE.

LA PROVIDENCE.

Ou les differences accidentelles qui distinguent les hommes.

SECTION PREMIÈRE.

Instruis un ignorant.

Les dons de l'esprit sont les trésors de Dieu, qu'il distribue à son gré , donnant à chacun sa portion dans la mesure que sa bonté juge convenable.

T'a-t-il doué de la sagesse? a-t-il éclairé ton esprit, en te faisant connaître la vérité ? Fais-en part aux ignorants, pour leur instruction. Fais-en part aux sages, pour assurer tes progrès.

La véritable sagesse est moins présomptueuse que la folie. Le sage est souvent dans le doute, change d'avis ;

le sot est obstiné et ne doute de rien,
sait tout , hors son ignorance.

L'orgueil du vide est une abomination.
Parler beaucoup est la sottise de la folie.
Cependant il est de la sagesse de supporter patiemment leur impertinence,
et de prendre pitié de leur absurdité.

Néanmoins, ne t'énorgueillis pas de
tes propres avantages; ne te vante pas
d'avoir un esprit supérieur. La plus
grande clarté d'idées, les plus belles
connaissances humaines ne sont qu'a-
veuglement et folie.

Le sage sent toutes ses imperfections,
et il est humble ; c'est en vain qu'il travaille pour obtenir sa propre approbation ; mais le sot regarde dans le courant
étroit de son esprit, il se contente des
petits cailloux qu'il apperçoit au fond,
les élève, les montre comme des pierres
précieuses, et est ravi des éloges que
ses semblables lui prodiguent.

Il se vante de son acquit, dans ce qui

n'est de nul prix ; mais tout ce qu'il est honteux d'ignorer, manque à son esprit.

Dans les sentiers mêmes de la sagesse, Il court après la folie ; la honte, le défaut de succès, sont la récompense de ses peines.

Le sage cultive son esprit par la science, le progrès des arts fait ses délices, leur utilité au bien public le couvre de gloire.

Cependant il regarde la vertu comme la première des sciences, et l'art de se rendre heureux fait l'étude de sa vie.

Section II.

Le Riche et le Pauvre.

L'homme à qui Dieu a donné en partage les richesses et l'esprit propre à en faire un bon usage, a été très-favorisé, singulièrement privilégié et heureusement doué.

Il regarde ses richesses avec plaisir,

parce qu'elles lui procurent l'avantage de faire le bien.

Il protège le pauvre qu'on maltraite, et ne permet pas au fort d'opprimer le faible.

Il cherche des objets dignes de compassion ; s'informe de leurs besoins, les soulage avec discernement et sans ostentation.

Il assiste et récompense le mérite, il encourage les talents, et par sa libéralité facilite l'exécution de tout projet utile.

Il fait de grandes entreprises, il enrichit sa patrie, emploie les ouvriers, forme de nouveaux projets et perfectionne les arts.

Le superflu de sa table appartient, suivant lui, aux pauvres du voisinage, et il ne les en frustre point.

Les dons de la fortune n'ont point altéré la bonté de son âme : il jouit donc de ses richesses, et ses jouissances ne lui laissent aucun regret.

Mais malheur à celui qui amasse des richesses dans l'abondance, et qui ne les possède que pour lui seul.

Qui rit à l'aspect du pauvre, et qui n'est point touché de la sueur de son front.

Dépourvu de sentiment, il vit et se nourrit d'oppression ; la ruine de son frère ne l'embarrasse pas.

Il boit comme le lait, les pleurs de l'orphelin ; les cris de la veuve charment ses oreilles.

Son cœur est endurci par l'amour des richesses ; il n'est ni peine ni chagrin qui puissent lui faire impression.

Mais la malédiction attachée au crime le poursuit ; il vit dans des craintes perpétuelles ; le trouble de son esprit, l'avidité des desirs, dont son âme est rongée, ne le punissent que trop cruellement, des calamités qu'il a attiré sur les autres.

Les maux qu'on éprouve dans la pauvreté, sont-ils comparables aux cuisants remords dont le cœur de ce méchant est dévoré ?

Que le pauvre se console donc, qu'il se réjouisse même, il en a mille sujets.

Il s'assied, et mange en paix sa pitance; sa table n'est point entourée de flatteurs, de gens qui le dévorent.

Il ne connaît point les embarras d'une vaine suite, il n'est point tourmenté des clameurs de ceux qui sollicitent.

Privé des mets recherchés dont le riche se nourrit, il n'est point sujet aux mêmes maladies.

Le pain qu'il mange ne lui semble-t-il pas doux au goût? L'eau qu'il boit ne paraît-elle pas agréable à sa soif, et mille fois plus délicieuses que les riches boissons des tables somptueuses?

Son travail conserve sa santé, et lui fait goûter un repos inconnu au lit de duvet de la paresse.

Il borne humblement ses desirs, le calme, le contentement dont il jouit, sont plus doux à son âme, que tous les avantages que donnent les richesses et la grandeur.

Que le riche ne présume pas trop de ses richesses, que le pauvre ne se laisse pas décourager par la pauvreté ; la providence dans sa bonté a dispensé le bonheur à l'un et à l'autre.

Section III.

Les Maîtres et les Domestiques.

Ne murmure pas, ô homme ! de l'état de la servitude ; il entre dans les décrets du ciel, et a beaucoup d'avantages ; il te préserve des soins et des sollicitudes de la vie.

L'honneur d'un domestique consiste

dans

(73)

dans sa fidélité ; ses plus grandes vertus
sont la soumission et l'obéissance.

Supporte donc patiemment les réprimandes de ton maître, et s'il te
gronde, ne lui réponds pas ; ton silence,
ta résignation, ne seront pas perdus.

Prends ses intérêts à cœur, sois exact
à remplir tes devoirs, fidèle à la confiance qu'il a placée en toi.

Ton temps, ton travail lui appartiennent ; ne l'en frustre pas, il te paie
pour en jouir.

Et toi, maître, sois juste envers ton
serviteur, si tu veux qu'il te soit fidèle ;
ne lui commande rien que de raison-
nable, si tu veux qu'il soit toujours prêt
à t'obéir.

L'homme a une âme qui lui est propre : la sévérité, la rigueur, peuvent
lui inspirer des craintes, mais ne sauraient commander son amour.

Que tes réprimandes soient mêlées
de bonté ; joins la raison à l'autorité :

tes avis alors germeront dans son cœur, et son devoir lui paraîtra doux.

Sa reconnaissance le portera à te servir fidèlement, et son attachement à s'empresser de t'obéir : ne manque pas à ton tour de donner à son exactitude et à sa fidélité, la récompense qui leur est due.

SECTION IV.

Les Magistrats, les Sujets.

O toi ! favori du ciel, que les fils des hommes, tes égaux, ont bien voulu élever au souverain pouvoir, et mis à leur tête pour les gouverner; songe plus à la fin, à l'importance de cette tâche, qu'à la dignité et à l'élévation de ton rang.

Tu es vêtu de pourpre, assis sur un trône; la couronne de la majesté couvre tes tempes; le sceptre du pouvoir est placé dans ta main : mais ces marques distinctives ne t'ont pas été données pour toi, ni destinées pour ton bien, mais pour celui de ton royaume.

La gloire d'un roi est la prospérité de son peuple : son pouvoir, son empire, résident dans le cœur de ses sujets.

L'esprit d'un grand roi s'aggrandit par l'élévation de son rang : il forme de vastes projets, et cherche des occupations dignes de sa puissance.

Il assemble les sages de son royaume, consulte librement avec eux, et écoute l'opinion de chacun.

Il examine son peuple, le juge avec discernement, découvre les talents de chacun, et les emploie suivant leur mérite.

Ses magistrats sont justes, ses ministres sont sages, ses favoris ne le trompent point.

Il sourit aux arts et les fait fleurir;

les sciences se perfectionnent, cultivées de sa main.

Il se plaît parmi les savants et les gens à talents, il leur inspire une noble émulation, et leurs travaux donnent un nouveau lustre à sa gloire.

L'industrie du marchand qui sait étendre son commerce, l'habileté du fermier qui enrichit sa terre, les découvertes de l'artiste, les progrès du savant, sont honorés de ses faveurs, ou récompensés par ses largesses.

Il établit de nouvelles colonies, fait construire de gros vaisseaux, ouvre des canaux pour établir de nouvelles communications, forme des hâvres pour mettre sa marine en sûreté ; ses peuples abondent en richesses, et les forces de son empire s'accroissent.

Ses statuts ont pour base l'équité, la justice ; ses sujets jouissent en toute sécurité du fruit de leurs travaux, et font consister leur bonheur dans l'observation des lois.

Ses jugements sont fondés sur des principes de miséricorde; mais en punissant le coupable, il est sévère et impartial.

Ses oreilles sont toujours prêtes à entendre les plaintes de ses sujets; il arrête la main de celui qui les opprime, et les délivre de leurs tyrans.

Ses peuples le regardent comme un père, le respectent et le chérissent de même; et le considèrent comme le conservateur des biens dont ils jouissent.

Leurs affections créent en lui l'amour du bien public; il met tous ses soins à assurer leur bonheur.

Il ne s'élève dans leurs cœurs aucun murmure contre lui; les menées de ses ennemis ne troublent point ses états.

Ses sujets lui sont fidèles, et, fermement attachés à sa cause, ils marchent à sa défense, se présentent comme un mur d'airain ; l'armée ennemie fuit devant eux, comme des brins de paille emportés par le vent.

La paix, la sécurité, sont les biens dont ses peuples jouissent ; la gloire et la force soutiennent son trône, et le rendent inébranlable.

VIe. PARTIE.

DEVOIRS DE LA SOCIÉTÉ.

SECTION PREMIERE.

La Bienfaisance.

Quand tu considères tes besoins, quand tu regardes tes propres imperfections, reconnais, ô homme, la bonté de celui qui t'a doué de raison, qui t'a accordé le don de la parole, et qui t'a mis en société pour donner et recevoir des secours, et contracter par là des obligations mutuelles.

Ta nourriture, tes vêtements, les commodités de la vie, la défense contre l'insulte, la jouissance des biens et des plaisirs de la société, sont les avantages que tu tires du soutien des autres, et dont tu ne saurais jouir que dans un état civilisé.

Il est donc de ton devoir d'être l'ami du genre-humain, parce qu'il est de ton intérêt de captiver sa bienveillance.

Comme les parfums de la rose sortent de son sein, et tiennent à sa nature; les bonnes œuvres partent de même du cœur de l'homme bienfaisant.

Il jouit du calme, de la tranquillité de son âme, et se réjouit du bonheur et de la prospérité des autres.

Il ne prête pas l'oreille à la médisance, les fautes et les faiblesses attachées à l'humanité blessent son cœur.

Il ne veut qu'être bon, et il cherche les moyens de le devenir; en adoucissant les peines des autres, il se soulage lui-même.

La grandeur de son âme lui fait former des souhaits pour le bonheur général de l'humanité, et la générosité de son cœur le porte à y contribuer.

Section II.

La Justice.

La tranquillité publique dépend de la justice ; le bonheur des individus, de la jouissance paisible de leurs propriétés.

Renferme donc les desirs de ton cœur dans les bornes de la modération ; que la main de la justice les conduise dans le droit chemin.

Ne jette pas un œil d'envie sur les biens de ton voisin ; que tout ce qui tient à sa propriété soit sacré pour toi.

Que rien ne t'engage, qu'aucune provocation ne te porte à lever la main sur lui , au hasard de sa vie.

Ne cherche point à le diffamer, à ternir sa réputation ; ne sers jamais de faux témoin contre lui.

Ne débauche pas son serviteur ; ne l'engage pas à le voler ou à le délaisser ; garde-toi de séduire la femme de son cœur.

Tu ferais une plaie à son cœur, que rien ne saurait guérir ; tu ferais un tort à sa vie, que rien ne saurait réparer.

Dans les affaires que tu auras à traiter avec les hommes , sois juste, sans partialité , et uses-en avec eux comme tu voudrais qu'ils en usassent avec toi.

Sois fidèle à la confiance qu'on te donne , et ne trompe pas celui qui compte sur toi ; sois assuré que le vol est moins criminel devant Dieu, que la trahison.

N'opprime pas le pauvre, et ne prive pas le journalier de son salaire.

D 5

Lorsque tu vends ta marchandise, écoute les cris internes de ta conscience, et contente-toi d'un gain modéré; n'abuse pas de l'ignorance de l'acheteur.

Paye les dettes que tu as contractées; celui qui t'a fait crédit comptait sur ton honneur, lui retenir son dû, serait à-la-fois une bassesse et une injustice.

Enfin, ô fils de la société! examine ta conscience, scrute ton cœur, appelle la mémoire à ton aide; et si tu t'apperçois que tu aies manqué à aucun de tes devoirs, sois-en pénétré de douleur, rougis-en, et fais tout ce qui dépendra de toi pour réparer promptement ta faute.

S E C T I O N I I I.

La Charité.

Heureux celui qui a fait germer dans son cœur les grains de la bienfaisance, dont les fruits seront la charité et l'amour.

Son cœur sera la fontaine d'où découleront les sources de la bonté, qui se changeront en torrent, et se déborderont pour le bien de l'humanité.

Il assiste le pauvre dans ses besoins, et se réjouit de la prospérité des hommes à laquelle il contribue de toutes ses forces.

Il n'est pas le censeur de ses voisins; ne croit pas les contes que l'envie et la malignité se plaisent à répandre; ne répète jamais les propos de la médisance.

Il pardonne les injures, en efface jusqu'au souvenir; la vengeance, la méchanceté n'entrent point dans son cœur.

Il ne rend pas le mal pour le mal, ne hait pas même ses ennemis, et pour les injustices qu'il en reçoit, leur rend des avis salutaires.

Les chagrins, les sollicitudes hu-

maines excitent sa pitié ; il tâche d'alléger le poids de leurs infortunes, et
le plaisir qu'il goûte d'y avoir réussi,
est la récompense de ses peines.

Il calme la fureur, appaise les que-
relles des hommes colères, et prévient
les suites fâcheuses des débats de l'ani-
mosité.

En conciliant les esprits, il fait régner
la paix, la bonne volonté dans tout le
voisinage ; son nom à jamais béni, y est
en vénération.

Section IV.

La Reconnaissance.

Comme les branches de l'arbre re-
portent la sève à la racine d'où elle s'é-
levait ; comme la rivière jette ses flots
dans la mer qui avait fourni sa source ;
le cœur de l'homme reconnaissant se
plaît à rendre un bienfait qu'il a reçu.

Il reconnaît sans peine ses obligations, chérit et estime son bienfaiteur.

S'il n'est pas en son pouvoir de rend.e le bienfait, il en conserve un tendre souvenir, que rien ne saurait effacer.

La main de l'homme généreux est comme les nuages dans le ciel, dont les eaux se répandent sur la terre, les fruits, les herbes et les fleurs ; mais le cœur de l'ingrat est comme un désert aride couvert de sable, qui boit avidement l'averse qui tombe, l'engloutit dans son sein, et ne produit rien.

N'envie point ton bienfaiteur, et ne cherche pas à cacher les bienfaits que tu en as reçu : quoiqu'il vaille mieux obliger que de l'être, qu'un trait de générosité ne puisse manquer de se faire admirer ; néanmoins l'humble posture de la reconnaissance parle au cœur, et paraît aimable aux yeux de Dieu et des hommes.

Mais ne reçois rien de la main de l'orgueilleux, n'aie point d'obligation à l'homme égoïste et avare ; la vanité de l'orgueilleux te ferait rougir, et la soif de l'avarice ne serait jamais satisfaite.

SECTION V.

La Sincérité.

O toi ! qui es épris des beautés de la vérité, et qui as fixé ton cœur sur la pureté de ses charmes ; sois-lui à jamais fidèle, et ne l'abandonne pas, tu verras ta constance couronnée d'honneur.

La langue de l'homme sincère est enracinée dans son cœur ; l'hypocrisie, l'imposture, ne trouvent point de place dans ses discours.

Il rougit d'une fausseté, reste confondu ; mais il dit la vérité d'un ton ferme, d'un œil assuré.

Il soutient son caractère avec la dignité de l'homme, méprise l'hypocrisie, et ne saurait s'abaisser à ses artifices.

Conséquent avec lui-même, il n'est jamais embarrassé, il a toujours le courage de dire la vérité, mais il craindrait de faire un mensonge.

Trop grand pour user de dissimulation, les paroles qui sortent de sa bouche, sont les expressions de son cœur.

Cependant il est circonspect, il pèse avec prudence ce qu'il dit, examine ce qui est convenable, et parle avec discrétion.

Il donne des conseils d'amitié, reprend avec liberté, et tout ce qu'il promet, il le tient.

Mais le cœur de l'hypocrite est toujours caché, il se contente de donner à ses paroles le masque de la vérité; tandis que la grande affaire de sa vie est de tromper.

Il rit dans le chagrin, pleure dans la joie, et les paroles de sa bouche ne sont susceptibles d'aucune interprétation.

Il travaille comme la taupe dans les ténèbres, et se croit en sûreté, mais comme un étourdi, il se montre tout-à-coup au grand jour, se trahit, et paraît l'ordure sur la tête.

Il passe ses jours dans une contrainte perpétuelle; sa langue et son cœur ne sont jamais d'accord.

Il ne court qu'après la réputation d'homme de bien, et se félicite en songeant à toutes ses ruses.

O insensé! insensé! les peines que tu prends pour cacher les replis de ton cœur, seraient plus que suffisantes pour te rendre tel que tu t'efforces de paraître; et les enfants de la sagesse se moqueront de tes ruses, lorsque dans ta parfaite sécurité, le masque te sera arraché, et que le doigt de la dérision te montrera au mépris.

VIIe. PARTIE.

La Religion.

Il n'y a qu'un Dieu, moteur, créateur, maître du monde, tout-puissant, éternel et incompréhensible.

Le soleil n'est pas Dieu, c'est son plus bel image. Il éclaire le monde de sa splendeur, vivifie de sa chaleur toutes les productions de la terre : admire-le comme la créature et l'instrument dont Dieu se sert, mais ne lui rends aucun culte.

Au seul Suprême, sage et bienfaisant, à lui seul appartiennent ton culte, ton adoration, tes actions de grâces et tes hommages.

De sa main il a formé toute l'étendue des cieux, de son doigt, il a décrit le cours des astres.

Il a posé à l'océan des bornes qu'il

ne saurait passer; il dit à la tempête, appaise-toi.

Il ébranle la terre jusques dans ses fondements, et les nations tremblent; il lance ses foudres, et le méchant est épouvanté.

Il fait naître des mondes d'un mot de sa bouche; il les frappe de son bras, et les anéantit.

« O! révère la majesté du Tout-puis- » sant, ne tente pas sa colère qui pour- » rait te détruire. »

La providence de Dieu veille sur tous ses ouvrages; il règle tout, dirige tout avec une sagesse infinie.

Il a institué des lois pour le gouver- nement du monde, elles sont merveil- leusement variées dans tous les êtres; et chacun par sa nature, se conforme à sa volonté.

Dans les profondeurs de son esprit, il repasse toutes les sciences; devant

lui sont écrits tous les secrets de
l'avenir.

Les pensées de ton cœur paraissent
à ses yeux dans toute leur nudité, et
tes résolutions lui sont connues avant
d'être faites.

A sa prescience, rien ne paraît incertain ; à sa providence, rien n'est
accidentel.

Ses procédés sont par-tout merveil-
leux , ses décrets impénétrables ; le
mode de sa science surpasse ta compréhension.

« Rends donc à sa sagesse l'hommage
» de la vénération ; incline-toi en toute
» humilité , sois soumis, obéissant à ses
» décrets suprêmes. »

Le seigneur est bon et bienfaisant, il
a créé le monde dans sa miséricorde et
son amour.

Sa bonté paraît dans tous ses ouvrages ; il est la source de l'excellence ,
le centre de la perfection.

Les créatures sorties de ses mains, annoncent sa bonté ; toutes leurs jouissances font son éloge : il les a revêtues de beauté, il les soutient par la nourriture, et prend plaisir à les conserver de génération en génération.

Si nous levons les yeux au ciel, l'éclat majestueux de sa gloire s'étend au loin, si nous les abaissons sur la terre, elle est couverte de ses bienfaits ; les montagnes, les vallées, chantent, se réjouissent ; les champs, les rivières, les bois, retentissent de ses louanges.

Mais c'est toi, ô homme ! qu'il a distingué, qu'il a doué de grâces particulières, et qu'il a placé dans un rang élevé au-dessus de toutes les créatures.

Il t'a doué de la raison pour que tu puisses conserver ton empire ; il t'a fait don de la parole, pour que tu pusse former des sociétés et t'y perfectionner, ton esprit supérieur a reçu la faculté de méditer, pour que tu pusses le contempler et adorer ses inimitables perfections.

Et dans les lois qu'il t'a prescrites, pour règle de ta vie, il a tellement adapté dans sa bonté, tes devoirs à ta nature, que de l'obéissance à ses préceptes, découle ton bonheur.

« O! loue sa bonté par des chants
» d'allégresse; médite en silence les
» merveilles de son amour pour toi;
» que ton cœur soit intarissable dans
» l'aveu de sa reconnaissance; que tes
» lèvres ne cessent de prononcer ses
» louanges et de l'adorer; que toutes
» les actions de ta vie marquent ton
» amour pour sa loi. »

Le seigneur est juste et droit; il jugera la terre avec équité et vérité.

Puisqu'il a établi ses lois dans sa miséricorde et sa bonté, ne doit-il pas punir celui qui les transgresse?

O! ne crois pas, homme téméraire! parce que ta peine est différée, que le bras du seigneur soit affaibli; et ne te flatte pas de l'espoir qu'il ferme lés yeux sur tes méfaits.

Son œil pénètre tous les secrets du cœur, il en conserve un souvenir éternel, il n'a égard ni aux personnes, ni au rang.

Le grand, le petit, le riche, le pauvre, l'homme instruit, l'ignorant; lorsque l'âme sera débarrassée des entraves de sa dépouille mortelle , recevront tous également la juste, l'éternelle rétribution due à leurs œuvres.

C'est alors que les méchants trembleront et seront saisis d'effroi; mais le cœur du juste se réjouira en entendant prononcer sa sentence.

« O! crains donc le seigneur tant que
» tu vivras, marche dans les sentiers
» qu'il t'aura prescrits. Ecoute les avis
» salutaires de la prudence; que la tem-
» pérance modère tes desirs, prends la
» justice pour guide dans toutes tes ac-

» tions; que la bienfaisance échauffe
» ton cœur, et que ta reconnaissance
» envers le ciel t'inspire une piété
» douce : c'est ce qui te fera jouir du
» bonheur ici-bas, et ce qui te con-
» duira au séjour de la félicité éter-
» nelle; au paradis de Dieu. »

Telle est la véritable ÉCONOMIE DE LA
VIE HUMAINE.

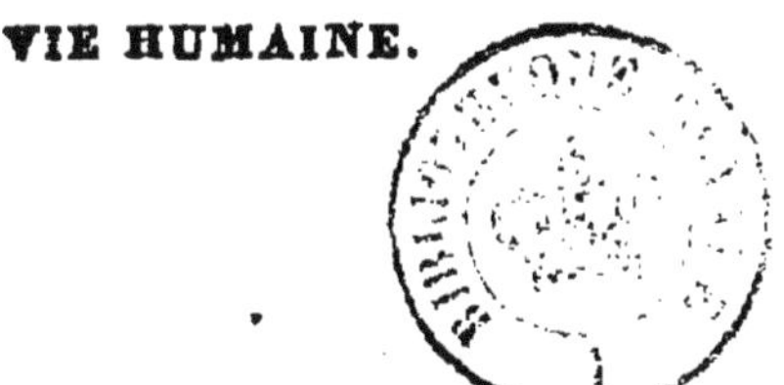

FIN DE LA PREMIÈRE PARTIE.

ENCYCLOPÉDIE MORALE,

CONTENANT

LES DEVOIRS DE L'HOMME

EN SOCIÉTÉ,

OU

ECONOMIE

DE LA VIE CIVILE.

TRADUIT DE L'ANGLAIS;

Par Madame DE RIVAROL.

SECONDE PARTIE.

À PARIS,

Chez FAVRE, Libraire, Palais du Tribunat,
Galeries de Bois, N°. 220, Aux-Neuf-Muses,
et à son magasin, rue Traversière-St.-Honoré,
N°. 845, vis-à-vis celle de Langlade.

—————

AN XI. — 1803.

(99)

Au très-honorable comte de....

MILORD,

A peine s'était-il écoulé un mois , du moment où je vous avais fait passer l'essai d'une traduction d'un système de morale orientale , si célèbre dans cette partie du monde, que nous avons été agréablement surpris de trouver un manuscrit du même format, dont l'antiquité,les caractères et toutes les marques, tant intérieures qu'extérieures , nous ont porté à le croire du même auteur que le précédent, et nous prouvaient de plus que ce qui en manquait, et ce que nous avions regardé comme un système complet, était heureusement rempli par cette addition qui ne laisse plus rien à desirer.

Je n'ai pas plutôt été à portée d'en juger, que je me suis empressé d'en faire la traduction. Dès que j'ai eu fini cette tâche agréable, je n'ai rien eu de plus pressé que d'avoir, milord, l'honneur de vous en faire part. Je n'ai pas besoin de vous dire que l'énergie des pensées, l'élévation du style, toujours sublime, et mille autres circonstances, prouvent qu'il nous vient de la main divine qui avait conçu l'autre, et que sa substance même en contient des preuves beaucoup plus abondantes.

Si je n'étais pas persuadé que la première partie eût mérité votre approbation, milord, je ne serais pas si empressé de vous faire parvenir la seconde. Mais, connaissant tout le prix de l'ouvrage, ainsi que toute l'étendue de votre génie, milord, il serait ridicule à moi d'avoir à cet égard le moindre doute.

Je suis, milord,
votre, etc.

SECONDE PARTIE.

LIVRE PREMIER.

L'Homme considéré en général.

CHAPITRE PREMIER.

De la conformation humaine, et de la structure de l'Homme.

FAIBLE et ignorant comme tu es, ô homme! humble comme tu devrais l'être, ô fils de la poussière! voudrais-tu élever tes pensées jusqu'à la sagesse infinie? voudrais-tu voir la Toute-puissance se manifester à toi? contemple ta propre conformation.

Tu es chétif, mais d'une structure merveilleuse : loue ton créateur avec un respect mêlé de crainte, et en te réjouissant d'en avoir reçu l'être, vénère-le.

De toutes ses créatures, pourquoi es-tu le seul qui marche droit, si ce n'est pour que tu puisses contempler ses ouvrages ? pourquoi dois-tu les contempler, si ce n'est pour pouvoir les admirer ? et pourquoi les admirer, si ce n'est pour adorer leur créateur et le tien ?

Pourquoi ce sentiment intérieur qui forme ta conscience, se trouve-t-il en toi seul ? et d'où te vient-il ?

La chair ne pense pas, les os ne raisonnent point. Le lion ignore qu'il doit être la pâture des vers ; le bœuf ne sait point qu'on ne le nourrit que pour le tuer.

En toi se trouve quelque chose qui ne ressemble à rien de ce que tu vois ; quelque chose qui instruit l'argile dont tu as été fait, de ce qui passe la portée de tes sens. Examinons donc ce que ce peut être.

Dès qu'il s'est envolé, ton corps reste dans le même état, il n'en fait donc pas partie ; il est immatériel, par conséquent immortel : il a la liberté d'agir, il doit donc compte de ses actions.

L'âne en broyant l'herbe avec ses dents, connaît-il l'utilité de la nourriture ? Le crocodille ne se redresse pas, quoique l'épine de son dos soit aussi droit que le tien ?

Dieu t'a formé comme il a formé les autres créatures ; il t'a créé le dernier pour être leur supérieur, et a voulu que tu leur commande ; c'est de son souffle qu'il t'a communiqué la science que tu possèdes.

Connais-toi toi même, tu es le chef-d'œuvre de la création, le chaînon qui unit la matière à la divinité ; vois en toi une émanation de Dieu ; souviens-toi de toute la dignité de ton être, et ne te dégrade jamais au point de t'abaisser au mal, et de croupir dans le vice.

Celui qui a placé la terreur dans la tête du serpent, qui a revêtu le cou du cheval fougueux, de l'effroi de la foudre, est le même que celui qui t'a instruit à écraser l'un sous tes pieds, et à dompter l'autre pour ton usage.

De l'usage des sens.

Ne fais pas parade de ton corps, parce qu'il a été le premier formé, ni de ton cerveau, parce que ton âme y est logée. Le maître de la maison n'est-il pas plus important que les murs qui le renferment.

La terre doit être préparée avant que d'y semer le bled; le potier bâtit son fourneau, avant de faire sa porcelaine.

Comme l'esprit qui souffle sur les eaux de l'abyme leur commande et dit : tu rouleras tes vagues de ce côté et non d'un autre, tu les éleveras à telle hauteur, et leur fureur n'ira pas plus loin : que ton esprit, ô homme ! gouverne et dirige de même ta chair, qu'il réprime ainsi ses desirs fougueux.

Ton âme est la souveraine de tes sens, ne souffre pas que les sujets se révoltent contre leur maître.

Ton corps est comme le globe de la terre, tes os sont les pilliers qui le soutiennent sur sa base.

Comme l'Océan va fournir les sources dont les eaux retournent dans son sein, reportées par les rivières ; de même la vie s'écoule sans cesse de ton cœur au-dehors, et revient ensuite à sa source.

L'un et l'autre ne retiennent-ils pas à jamais leur cours ? c'est le même Dieu qui les commande.

Ton nez n'est-il pas le canal par où les parfums passent, ta bouche, le conduit qui reçoit les mets recherchés dont tu te nourris ? Tu sais néanmoins que l'excès des parfums nuit, et que les mets qui flattent le plus ton goût, détruisent l'estomac.

Tes yeux ne sont-ils pas des sentinelles posées pour veiller sur toi? que de peines n'ont-ils pas à démêler la vérité de l'erreur? et que de fois se trompent-ils?

Modère ton âme, que ton esprit soit toujours attentif à ce qui tient à son bien-être, les yeux, leurs ministres, ne leur présenteront alors que des vérités.

Ta main n'est-elle pas une merveille? est-il rien dans la création qui puisse lui être comparé? pourquoi t'est-elle donnée, si ce n'est pour l'étendre vers ton frère.

Pourquoi de tout ce qui respire es-tu le seul qui rougis? puisque le monde doit lire ta honte sur ton front, ne fais rien qui puisse t'en couvrir.

Pourquoi la crainte et la terreur dérobent-elles à ta figure son brillant coloris? évite le crime, et tu sauras que la crainte est au-dessous de toi, la terreur indigne de l'homme.

Pourquoi les ombres ne parlent-elles qu'à toi dans les visions de la nuit, respecte ces avertissements, et sache que les songes viennent d'en haut.

Tu jouis seul, ô homme! du don de la parole. Tu dois être fier de cette noble prérogative; et rendre à celui qui t'en a fait part, un hommage raisonné qui puisse lui être agréable, en enseignant la sagesse à tes enfants, élevant tes descendants dans la piété.

CHAPITRE III.

De l'âme de l'Homme, de son origine et de ses affections.

Les plus grands avantages, de ton enveloppe, ô homme! sont la santé, la vigueur et les proportions du corps. Le premier de tous est la santé ; ce que la santé est au corps, l'honnêteté l'est à l'âme.

Tu as une âme, c'est de toutes tes connaissances la plus certaine, de toutes les vérités la plus évidente ; sois pénétré de reconnaissance d'un si grand bienfait, ne cherche pas à être parfaitement instruit de sa nature, ce mystère est impénétrable.

La pensée, l'entendement, le raisonnement, la volonté, ne sont pas l'âme, ce sont des actions, des modifications de l'âme, qui ne forment point son essence.

Ne prends pas un trop grand essor pour ne pas t'exposer au mépris. Ne ressemble pas à ceux qui tombent en voulant s'élever, ne t'abaisse pas non plus au niveau de la brute, ne sois pas semblable au cheval et au mulet qui sont privés d'entendement.

Cherche à démêler ton âme par ses

facultés; connais-la par ses vertus. Elles sont plus nombreuses que les cheveux de ta tête, les étoiles du firmament sont en moins grande quantité.

Ne pense pas avec l'Arabe qu'une seule âme anime tous les hommes; et ne crois pas avec les fils de l'Egypte, qu'un seul homme en possède plusieurs : il faut que tu saches qu'il en est de ton âme comme de ton cœur , elle est unique.

Le soleil qui durcit l'argile, ne foud-il pas la cire? ces deux opérations se font par le même soleil, et ton âme, qui n'est qu'une, a des volontés contraires.

Comme la lune conserve sa nature intacte, malgré le voile ténébreux qui la couvre; l'âme reste dans toute sa perfection , au sein même de l'insensé.

Elle est immortelle, elle est immuable, elle est toujours la même dans tous les individus. La santé s'en empare pour la montrer dans toute sa beauté, dans toute son amabilité; et l'application la parfume de l'huile de la sagesse.

Quoiqu'elle te survive, ne crois pas qu'elle ait été créée avant toi, elle a été créée avant ta chair, formée avec ton cerveau.

La justice n'a pu te la donner pétrie de vertus, ni la miséricorde te la livrer déformée par le vice, l'un et l'autre doivent lui venir de toi, tu dois en répondre.

N'imagine pas que la mort puisse te sauver de l'examen; ne crois pas que la corruption puisse te mettre à l'abri de la recherche, celui qui t'a fait, tu ne sais de quoi, ne pourrait-il pas te tirer encore tu ne sais d'où?

Le coq ne connait-il pas l'heure de minuit? N'élève-t-il pas la voix pour t'annoncer le jour? Le chien ne suit-il pas les traces de son maître? La chèvre blessée ne va-t-elle pas chercher l'herbe qui la guérit? cependant, quand ils meurent , leur esprit retourne à la poussière; le tien seul survit.

Ne leur envie pas ce tact, cette finesse de sens, si' supérieurs aux tiens. Sache que le mérite ne consiste pas dans les avantages qu'on possède, mais dans l'usage qu'on en fait.

Quand tu aurais l'ouie du cerf, que ta vue serait aussi perçante que celle de l'aigle; quand ton odorat aurait la finesse de celui du chien de chasse; si le singe même te donnait son agilité, ou la tortue son extrême sensibilité; sans la raison, à quoi te serviraient tous ces avantages ? ne périssent-ils pas tous comme ceux qui les ont engendrés ?

En est-il parmi eux qui aient le don de la parole? Aucuns d'eux peuvent-ils te dire: c'est par telle raison que j'ai fait cela ?

Les lèvres du sage sont comme les

portes d'un riche cabinet, dès qu'elles s'ouvrent, il en découle des trésors.

Les maximes de la sagesse, dites à propos, ressemblent à des arbres d'or, plantés sur des couches d'argent.

Peux-tu avoir une trop haute idée de ton âme? et peut-on la trop louer? elle est l'image de celui qui te l'a donnée.

Conserve à jamais le souvenir de sa dignité, n'oublie point l'importance du dépôt confié à tes soins.

Tout ce qui peut faire le bien, peut aussi faire le mal, songe donc sérieusement à diriger sa course vers la vertu.

Ne crois pas que tu puisses la perdre dans la foule, et n'imagines pas que tu puisses l'enterrer dans un coin, il est de son essence d'agir, rien ne saurait l'arrêter.

Son mouvement est perpétuel, ses tentatives universelles, son activité ne saurait être comprimée. Ce qu'elle desire

se trouve-t-il aux confins de la terre ?
elle veut l'avoir : passe-t-il la région
des étoiles, son œil cherche encore à le
découvrir.

Les recherches font ses délices. Tel
qu'un homme qui traverse des sables
brûlants pour trouver une source ;
l'âme altérée de sciences, éprouve la
même ardeur.

Veille sur elle, car elle est téméraire,
inconsidérée, irrégulière; dirige-la, sa
marche est incertaine, corrige-la, car
elle est violente, emportée, ne connaît pas de bornes; elle est aussi plus
souple que l'eau, plus flexible que la
cire, et cède plus facilement que l'air.
Est-il rien qui puisse l'enchaîner ?

L'âme de celui qui manque de discrétion, est comme une épée dans la
main d'un fou.

Le but de ses recherches doit être la
vérité; ses moyens pour y parvenir
sont la raison, l'expérience; mais ne

sont-ils pas faibles, incertains, sujets à erreur? comment fera-t-elle donc pour y parvenir?

L'opinion généralement reçue, ne prouve point en faveur de la vérité, les hommes en général sont ignorants.

Des idées nettes sur toi-même, la connaissance de celui qui t'a créé, le sentiment du culte que tu lui dois, sont des moyens à ta portée, dont l'évidence doit te sauter aux yeux? est-il en effet quelqu'autre connaissance nécessaire à l'homme?

CHAPITRE IV.

Terme et emploi de la vie humaine.

Ce que l'œil du jour est pour l'allouette, l'ombre de la nuit pour le hibou, le miel pour l'abeille, les carcasses pour le vautour; telle est la vie pour le cœur de l'homme.

Quelque brillante qu'elle soit, elle

n'éblouit point, son obscurité même, n'en dégoûte pas, quoique douce elle ne paraît pas fade, quoique corrompue elle ne rebute pas, et néanmoins, quel est celui qui en connaît le véritable prix ?

Apprends à estimer la vie ce qu'elle vaut, c'est ce qui t'approchera le plus du sommet de la sagesse.

Ne pense pas avec l'insensé qu'elle est d'un prix inestimable, et ne crois pas avec le prétendu sage que tu dois la mépriser ; ne l'aime pas pour son compte, mais pour le bien qui peut en résulter aux autres.

C'est une acquisition que l'or ne saurait faire, toutes les mines de diamants réunis ne sauraient racheter un seul des instants que tu as perdu, emploie donc ceux qui te restent, à la poursuite de la vertu.

Ne dis pas qu'il vaudrait mieux que tu ne fusse pas né, ou qu'étant né il serait à souhaiter que tu fusses mort en venant au monde; n'aie pas la témérité de dire au créateur quel mal y aurait-il que je n'eusse pas existé ? Le bien est en ton pouvoir, le défaut de bien est un mal; et si ta question était fondée, tu vois qu'elle te condamnerait.

Le poisson avalerait-il l'hameçon, s'il se doutait de l'amorce qu'il renferme ? Le lion entrerait-il dans le piége, s'il croyait qu'il fût tendu pour lui ? Si l'âme devait aussi périr avec son enveloppe, l'homme ne souhaiterait pas de vivre, et n'aurait point été créé par un Dieu miséricordieux ; c'est ce qui te prouve que tu vivras par la suite.

Comme l'oiseau qu'on enferme dans une cage sans qu'il s'en doute, ne se déchire pas les flancs contre les côtés de sa cage; ne te fatigue pas en vain pour sortir de l'état où tu as été mis, sache qu'il t'a été assigné, et aie la sagesse de t'en contenter.

Quoique le chemin en soit inégal, il n'est pas par-tout pénible, accomode-toi de tout; et où tu verras le moins d'apparence de mal, crains les plus grands dangers.

Quand ton lit n'est que de paille, tu peux dormir tranquille, mais lorsque tu t'étends sur les roses, crains les épines.

Une mort convenable vaut mieux qu'une vie honteuse : ne songe donc à vivre qu'autant que tu le dois, et non autant que tu le pourrais. Tant que ta vie sera plus utile aux autres que ta mort, il est de ton devoir de la conserver.

Ne te plains pas avec l'insensé de sa brièveté, souviens-toi qu'en abrégeant tes jours on abrège aussi tes soins.

Oté du terme de ta vie la partie inutile, et vois ce qui en reste? commence par ôter le temps de ton enfance, ta seconde enfance, celle de la vieillesse, le temps que tu donnes au sommeil, tes heures perdues , les jours de maladies ; trouveras-tu, même à la fleur de l'âge, beaucoup d'années que tu puisses mettre en lignes de compte ?

Celui qui t'a fait présent de la vie comme d'un bien, la raccourcit pour en faire un plus grand bien. Quel avantage aurais-tu tiré d'une plus longue vie ? Voudrais-tu avoir eu plus d'occasions de te livrer au vice ? Quant au bien, celui qui a mesuré tes jours, ne se contenterait-il pas des fruits qu'ils auront produits ?

A quelle fin, ô enfant de la douleur ! voudrais-tu vivre davantage ? pour respirer, manger, voir le monde ? c'est ce que tu as déjà fait si souvent. Ces éternelles répétitions ne sont-elles pas ennuyeuses ? ne sont-elles pas au moins superflues ?

Voudrais-tu faire des progrès dans la sagesse et la vertu ? Hélas ! que peux-tu apprendre, et qui peut t'enseigner? Tu fais déjà un si mauvais emploi du peu que tu possèdes, que tu ne dois pas te permettre des plaintes sur ce qui t'a été refusé.

Ne te plains pas du défaut de connaissances, elles doivent toutes s'engloutir avec toi dans la tombe. Sois honnête dans cette vie, tu seras savant dans l'autre.

Ne dis pas au corbeau, pourquoi tes jours sont-ils prolongés sept fois plus que ceux de ton seigneur et maître, ni au faon, pourquoi tes yeux doivent-ils voir mes descendants jusqu'à la centième génération? La vie dont tu abuses, peut-elle être comparée à celle qu'ils mènent? sont-ils comme toi débauchés, cruels, ingrats? Apprends plutôt d'eux que la simplicité et la pureté des mœurs sont des moyens infaillibles pour arriver à une vieillesse heureuse.

Sais-tu mieux qu'eux employer la vie ? En ce cas, une moindre quantité doit te suffire.

L'homme qui ose asservir le monde, quoiqu'il sache qu'il ne peut jouir qu'un moment de cette tyrannie, à quoi n'aspirerait-il pas, s'il était immortel ?

Tu as plus qu'il ne faut de la vie, mais tu en fais peu de cas : elle ne te manque pas, ô homme ! néaumoins tu, en es prodigue ; tu la perds, tu la dissipes, comme si tu en avais de trop, et tu te plains ensuite de ne pouvoir réparer tes pertes.

Tu dois savoir que ce n'est point l'abondance qui enrichit, mais l'économie.

Le sage jouit de la vie, du moment qu'il entre dans sa carrière. L'insensé est toujours sur le point d'en jouir.

Ne te donne pas des peines incroyables pour acquérir des richesses, en te flattant d'en jouir par la suite.

Celui

Celui qui néglige l'instant présent, perd tout ce qu'il possède. Comme la flèche vient percer le cœur du guerrier, au moment qu'il ignore qu'elle était lancée; la vie de celui qui l'aura méconnue, lui sera enlevée avant qu'il se doute qu'elle fut en sa possession.

Qu'est-ce donc que la vie, pour que l'homme en soit si altéré ? Quel bonheur trouve-t-il à respirer pour en être si jaloux ?

N'est-ce pas une scène d'illusions, un tissu de revers, une succession de maux qui s'enchaînent de toutes parts ? Son commencement n'est qu'ignorance, son milieu n'est que peines, et elle se termine par la douleur.

Comme une vague en repousse une autre, jusqu'à ce qu'elles se trouvent toutes deux englouties par celle qui survient, ainsi, dans la vie de l'homme, le mal succède au mal, le présent le plus grand absorbe le moindre, celui qui n'est déjà plus. Nos terreurs sont de véritables maux, nos espérances sont invraisemblables, elles nous bercent de chimères dans un avenir incertain.

Insensés! craindre comme des mortels, et desirer comme des immortels?

Quelle partie de la vie voudrions-nous conserver?

Est-ce la jeunesse? Pouvons-nous être épris de la folie, de la licence ou de la témérité! Est-ce la vieillesse? nous chérissons donc les infirmités.

On dit que les têtes blanchies par les années sont révérées, que les longs jours sont honorés. La vertu peut joindre le respect à l'éclat de la jeunesse, et sans elle les années creusent plus de rides dans l'âme que sur le front.

L'âge est-il respecté parce qu'il hait la débauche? Où serait la justesse de ce raisonnement, puisque ce n'est pas l'âge qui méprise le plaisir, mais le plaisir qui méprise l'âge ?

Sois vertueux dans ta jeunesse, tu seras respecté dans ta vieillesse.

LIVRE II.

*L'Homme considéré dans ses infir-
mités, et dans leurs effets.*

CHAPITRE PREMIER.

La Vanité.

L'INCONSTANCE est une puissance
redoutable dans le cœur de l'homme;
l'intempérance qui le tyrannise le conduit où elle veut; le désespoir s'empare
d'une grande partie de son cœur, la
crainte s'en rend maître et dit : je règne
ici sans rival; mais la vanité l'emporte
sur tout le reste.

Ne pleure donc pas sur les calamités
humaines, ris plutôt de leurs folies.
Chez l'homme adonné à la vanité, la
vie n'est que l'ombre d'un rêve.

Le héros le plus célèbre parmi les

hommes, qu'est-il ? la dupe de cette faiblesse. Le public est léger, inconstant, ingrat; pourquoi le sage s'exposerait-il pour des insensés ?

L'homme qui néglige les intérêts du moment pour songer à ce qu'il fera lorsqu'il sera plus élevé en dignité, se nourrit de fumée, tandis qu'un autre mange son pain.

Agis comme il convient dans ton état actuel, et tu n'auras pas à rougir dans un état plus élevé.

Est-il rien qui aveugle l'homme, ou qui lui cache les faibles de son cœur, comme la Vanité ? C'est précisément lorsque tu ne te vois pas, que les autres te découvrent.

La tulipe dont le faste est inodore, et l'éclat inutile, peut être comparée à celui qui se prise beaucoup, et qui est sans mérite.

Le cœur de l'homme vain est plein de trouble : au moment où il paraît le plus satisfait, ses peines surpassent ses plaisirs.

Ses sollicitudes sont à l'infini, et vont au-delà de la mort; sa tombe n'est pas assez profonde pour les engloutir; il porte sa pensée bien au-delà, et prédit l'éloge que l'on fera de lui; mais celui qui l'en assure, le trompe.

Celui qui engage sa femme à rester veuve pour ne pas troubler sa cendre, ressemble à celui qui croit que l'éloge qu'on fera de lui, parviendra à ses oreilles lorsqu'il sera sous terre, ou chatouillera son cœur couvert du drap funéraire.

Conduis-toi bien pendant ta vie, et ne t'inquiètes pas de ce qu'on dira de toi. Contente-toi de mériter l'éloge, et la postérité prendra plaisir à t'entendre louer.

Comme le papillon ne voit pas les brillantes couleurs qui le décorent, et que le jasmin n'est pas sensible aux parfums qu'il répand, l'homm e dissipé ne jouit que lorsque les autres s'en ap-perçoivent.

A quoi servent, se dit-il, mes vête-ments d'or ? Pourquoi mes tables sont-elles couvertes de raretés ? si personne ne les voit, si le monde n'en est pas instruit. Donne tes vêtements à ceux qui en manquent, et ta nourriture à ceux qui ont faim, alors on te louera, et tu sentiras que tu le mérites.

Pourquoi prodigues-tu au premier venu des flatteries, des mots vides de sens ? Lorsqu'on t'en dit autant, tu les méprises. Celui qui te parle, sait qu'il ment, et est néanmoins persuadé que tu lui en sauras bon gré. Que ton lan-gage soit sincère, et tout ce que tu en-tendras tournera à ton profit.

L'homme vain n'aime à parler que de lui, mais il ne voit pas que les autres s'ennuient de l'entendre.

F 4

S'il a fait quelque chose qu'on puisse approuver, s'il possède quelque chose qu'on puisse admirer, son plus grand plaisir est que tout le monde le sache, sa vanité veut qu'on en parle ; mais ses souhaits sont frustrés. On ne dit pas, il a fait telle chose, il possède telle chose, mais on dit, voyez comme il en est fier ?

Le cœur de l'homme ne saurait s'occuper de plusieurs choses à-la-fois, celui qui se fixe aux apparences, perdra la réalité. Il court après les misères qui disparaissent comme l'ombre, tandis qu'il foule aux pieds, ce qui lui ferait le plus grand honneur.

CHAPITRE II.

L'Inconstance.

La nature, ô homme ! te pousse sans cesse vers l'Inconstance, sois donc toujours sur tes gardes, si tu veux t'en préserver.

Tu es, dès le ventre de ta mère, différent de toi-même, incertain, indécis. Tu hérites de l'inconstance de ton père ; comment feras - tu donc pour être stable ?

Ceux qui t'ont donné un corps, t'ont doué de faiblesse ; mais celui qui t'a donné une âme, l'a armée de courage. Sers-t'en, et tu deviendras sage ; sois sage, et tu seras heureux.

Que celui qui fait le bien, ne cherche point à s'en vanter, rarement est-il l'effet de sa volonté.

C'est le produit d'une impulsion du dehors, née de l'incertitude, soutenu par quelqu'accident, et dépendant de quelque cas fortuit. C'est à ces causes, hommes, et au hasard, que le mérite en est dû.

Ne sois pas indécis dans les projets que tu formes, et sois ferme dans leur exécution, tu triompheras par-là, de deux grands défauts attachés à ta nature.

Les contradictions qui se trouvent en nous, ne prouvent-elles pas la faiblesse de nôtre raison ? Qui peut remédier à ces mauvais penchants ? si ce n'est la stabilité dans les idées.

L'inconstant sent qu'il change, mais il ne sait pas pourquoi ; il voit qu'il échappe à lui-même, et ne sait pas comment. Sois inébranlable dans tout ce qui est juste, et les hommes compteront sur toi.

Etablis-toi des principes qui servent de règle à ta conduite, et aie grand soin ensuite de ne jamais t'en départir.

Assure-toi d'abord de tes principes, vois s'ils sont justes, et sois inflexible dans la marche qu'ils te prescrivent.

Tes passions alors n'auront plus d'empire sur toi, ta constance t'assurera la paisible jouissance des biens que tu possèdes, chassera loin de toi les maux qu'entraîne l'infortune ; les inquiétudes, les fâcheux contre-temps, seront inconnus à ta tranquille retraite.

Ne soupçonne jamais le mal sans l'avoir vu, quand tu l'auras vu, ne l'oublie pas.

Celui qui a été un ennemi, ne deviendra jamais un ami ; l'homme ne se corrige pas de ses défauts.

Comment les actions d'un homme qui se conduit au hasard, pourraient-elles être bonnes ? Il n'y a de juste que ce que la raison dicte.

L'inconstant n'est jamais en paix avec lui-même, il est le tourment de tout ce qu'il connaît.

Sa vie est inégale, ses mouvements irréguliers ; ses idées changent comme le temps.

Aujourd'hui il t'aime, demain il te déteste ; pourquoi ? il l'ignore, il t'aimait sans raison, et te hait de même.

Aujourd'hui c'est un tyran, demain ton valet est moins souple, pourquoi? Celui qui est insolent sans pouvoir, sera servile sans sujetion.

Aujourd'hui il est prodigue, demain il s'ôte les morceaux de la bouche. Telle est la conduite de celui qui ne connaît pas de modération.

Peut-on dire du caméléon qu'il est noir, quand le moment d'après il paraît couvert de la verdure des prés!

Peut-on dire de l'inconstant qu'il est gai? il sera triste avant d'avoir tourné la main.

La vie d'un pareil homme n'est donc que le fantôme d'un rêve? Le matin il se lève heureux, à midi il est au désespoir; aujourd'hui c'est un Dieu, demain moins qu'un ver de terre; il rit en ce moment, pleure l'instant d'après; il veut, ne veut plus, et bientôt ne sait s'il veut ou ne veut pas.

Cependant, ni la joie, ni la douleur,

ne se sont emparés de lui, il ne s'est
pas fait plus grand, et n'est pas devenu
plus petit, il n'a point eu sujet de rire,
ni raison de s'affliger ; aussi ne trouve-
t-on rien de tout cela en lui.

Le bonheur de l'inconstant ressemble
à un palais bâti sur un sable mouvant,
le moindre souffle suffit pour en entraîner les fondements ; est - il donc
étonnant que l'édifice s'écroule !

Mais quelle est cette sublime figure,
qui dirige de ce côté sa marche égale
et non interrompue, dont les pieds
sont sur la terre, tandis que sa tête se
perd dans les nues ?

Son air est majestueux, son port est
assuré, la tranquillité règne dans son
cœur.

Quoique le chemin qu'elle parcourt
soit semé d'obstacles, elle ne daigne
pas y jetter les yeux ; quoique le ciel
et la terre s'opposent à son passage, elle
avance.

Les montagnes disparaissent devant elle ; les eaux de l'Océan se dessèchent sous ses pieds.

C'est envain que le tigre se jette en son chemin ; les taches du léopard brillent à ses yeux et restent sans effet. Elle marche à travers les légions rangées en ordre de bataille ; de sa main elle écarte les terreurs et la mort.

Les tempêtes mugissent autour d'elle sans pouvoir l'ébranler, le tonnerre fond sur sa tête sans l'émouvoir, l'éclair ne sert qu'à faire briller la gloire qui l'environne.

Son nom est *la Résolution*, elle vient de la partie la plus reculée de la terre, elle voit le bonheur au loin, ses yeux découvrent son temple, placé hors des limites du pole.

Elle s'y rend d'un pas assuré, y entre hardiment, et y reste à jamais.

Etablis dans ton cœur, ô homme ! l'amour du juste, et sache qu'alors le plus grand mérite de l'homme est d'être immuable.

Chapitre III.

Faiblesse.

Tu n'es, ô fils de l'imperfection, que vanité et inconstance, comment ne serais-tu pas faible? l'inconstance ne tient-elle pas de près au défaut de force ? serais-tu vain si tu n'étais chétif? évite les dangers de l'un, et tu échapperas aux malheurs de l'autre.

Où montres-tu le plus de faiblesse ? précisément où tu parais le plus fort, où tu sembles mettre toute ta gloire dans la jouissance de tes avantages, et dans l'usage que tu fais des biens qui t'appartiennent.

Tes desirs ne sont-ils pas frivoles? sais-tu même former des souhaits? Quand tu as obtenu ce que tu desirais le plus, tu n'es pas encore satisfait.

Pourquoi les plaisirs présents qui sont à ta portée, perdent-ils de leurs charmes? et pourquoi ceux qui sont à venir te paraissent-ils si doux? parce que tu te lasses du bien que tu as, et que tu ne connais pas les inconvénients de celui que tu n'as pas; apprends donc que, qui sait être content, sait être heureux.

Si le choix t'était permis, si le ciel comblait tes vœux, en t'accordant toutes demandes, en serais-tu plus heureux? la joie serait-elle inséparable de toi?

Hélas! ta faiblesse ne le permettrait pas, et ta médiocrité s'y opposerait. La variété fait tes délices, or ce qui ferait un plaisir constant, doit être permanent.

Tu le regrettes dès que tu l'as perdu, et tu le dédaignais lorsque tu le possédais.

Ce qui y a succédé ne te plait plus :

tu t'en veux de lui avoir donné la pré-
férence; et c'est alors que tu ne te
trompe plus.

S'il est quelque faiblesse qui surpasse
celle des desirs que tu formes, c'est ta
manière d'en jouir, et l'usage que tu
en fais.

Le bien cesse d'être bien dès que
nous le possédons. Ce que la nature a
destiné pour notre félicité, devient pour
nous une source d'amertume; nos délices nous causent des peines, notre
joie des chagrins.

Sois modéré dans tes jouissances,
et la possession ne les altèrera pas; que
ta joie soit fondée en raison, elle se
soutiendra jusqu'au bout, sans te causer de regrets.

Les plaisirs de l'amour commencent
par les soupirs, et se terminent par la
langueur et l'abattement. L'objet que tu
desirais le plus, devient, par satiété,
un objet de dégoût; tu n'en as pas plu-

tôt joui, que tu voudrais en être loin.

Joins l'estime à l'admiration, unis l'amitié à l'amour; tu trouveras enfin un contentement si parfait qu'il surpassera tous tes transports, et une tranquillité douce qui l'emportera sur tes extases.

Dieu ne t'a pas donné les biens sans un mélange de mal, mais il t'a aussi fourni les moyens d'éloigner le mal.

Comme la joie n'est pas sans sa dose de déplaisir, le chagrin n'est pas non plus sans un arrière-goût qui en diminue l'amertume. La joie et la tristesse, quoique dissemblables, sont unis et dérivent l'un à l'autre, il dépend de nous de les goûter dans toute leur pureté.

La mélancolie même a souvent des charmes si doux; l'excès de la joie ne fait-il pas verser des larmes?

Les meilleures choses, dans la main d'un insensé, ne servent qu'à le détruire ; le sage sait tirer assez de parti des moins bonnes pour les tourner à son avantage.

La faiblesse est tellement mêlée à ta nature, ô homme ! que tu n'as même pas la force d'être tout bon ou tout mauvais. Rends grâce au ciel de ne pouvoir connaître l'excès du mal, et contente-toi du bien qui est à ta portée.

Chaque état a ses vertus qui lui sont propres, ne cours point après l'impossible, et ne t'affliges pas de ne pouvoir les réunir toutes.

Voudrais-tu connaître à-la-fois les charmes de la libéralité réservée à l'homme riche, et goûter les douceurs de la médiocrité ? La femme de ton cœur sera-t-elle méprisée parce qu'elle n'a pas les vertus de la veuve ?

Si ton père, dans les divisions de sa patrie, vient à lui faire faux-bon, pourras-tu à-la-fois exercer la justice en le détruisant, et ton devoir en lui sauvant la vie ?

Si tu voyais ton frère attaqué d'une maladie mortelle, dépérir sous tes yeux dans des souffrances inouies, ne croirais-tu pas lui rendre service en abrégeant ses jours? Néanmoins il y va de ta vie d'être l'assassin de ton frère?

La vérité n'est qu'une, tes doutes sont de ta propre création, celui qui a fait les vertus pour être ce qu'elles sont, t'a donné tout ce qu'il fallait pour les discerner, en connaître le prix. Agis d'après les mouvements de ta conscience, et tu seras assuré d'avoir toujours bien fait.

Chapitre IV.

De l'insuffisance de la science, ou de l'incapacité de l'homme.

S'il est quelque chose de vraiment aimable, que nous devions desirer, qui soit à la portée de l'homme, et qui mérite les plus grands éloges, n'est-ce pas la science ? Et néanmoins qui peut se flatter d'y atteindre !

L'homme d'état croit en être pourvu, celui qui gouverne les peuples en réclame l'honneur, mais le sujet s'apperçoit-il qu'il la possède ?

Le mal n'est pas chose requise dans l'homme, le vice, quoique toléré, n'est pas indispensable : néanmoins, combien de maux permis par la loi, sur lesquels elle semble fermer les yeux ? que de crimes commis par les décrets du conseil ?

Sois sage, ô chef suprême ! ô toi qui dois commander aux hommes, instruis-toi du grand art de gouverner ! Un seul crime, autorisé par toi, est cent fois pire que dix coupables qui échappent à leur juste châtiment.

Lorsque tes peuples sont nombreux, quand tes enfants s'accroissent autour de ta table, ne les envoies-tu pas tuer des innocents, pour tomber eux-mêmes victimes de l'épée de celui qu'ils n'ont pas offensé ?

Si l'objet de tes desirs doit coûter la vie à des milliers d'hommes, ne dis-tu pas, néanmoins, il me le faut ? Tu oublies sans doute qu'ils tiennent aussi leur existence de celui qui t'a créé, et que leur sang est aussi précieux que le tien ?

Diras-tu que la justice ne saurait s'exercer sans injustice ? tu serais alors condamné par tes propres paroles.

Lorsque tu flattes un criminel d'un faux espoir, pour en tirer l'aveu, qui doit le faire condamner ; n'es-tu pas aussi un criminel pour lui ? ton crime est-il moins grand, parce qu'il ne saurait t'en punir ?

Quand tu envoies un homme à la torture sur un simple soupçon , as-tu bien le courage de te dire que c'est peut-être un innocent que tu condamnes à la question ?

Si l'événement te justifie, ton âme

est-elle satisfaite par cet aveu ? La douleur a pu lui faire dire le faux, comme le vrai. Les tourments ont porté plus d'un innocent à s'avouer coupable.

Pour ne pas le tuer sans connaissance de cause, tu fais pis que de le tuer : pour avoir la preuve de son crime, tu le détruis innocent.

O! aveuglement de l'homme sur toute vérité! ô insuffisance de la sagesse du sage! Lorsque le grand juge te demandera compte de cette conduite, c'est alors que tu desireras que dix mille coupables se fussent échappés, plutôt que de voir un innocent paraître contre toi.

Puisque tu es incapable d'exercer la justice, comment ferais-tu pour parvenir à la connaissance de la vérité, pour arriver au pied de son trône?

Comme le hibou est aveuglé par l'éclat du soleil, la splendeur dont sa figure rayonne, t'éblouirait à son approche.

Si tu veux t'élever et t'asseoir sur son

trône, commence par t'incliner sur son marche-pied : si tu veux enfin la connaître, commence par te pénétrer de ton ignorance.

Elle est plus précieuse que les perles les plus rares, recherche-la donc avec grand soin : l'émeraude, le saphir, le rubis sont comme des grains de sable sous ses pieds; poursuis-la donc courageusement.

Le travail est le chemin qu'il faut prendre, l'attention est le pilote qui te conduira au port; ne te lasses pas du chemin; dès que tu seras arrivé près d'elle, la fatigue te paraîtra un plaisir.

Ne te dis pas, la vérité n'est bonne qu'à nous créer des ennemis, je veux l'éviter; la dissimulation nous fait des amis, je veux suivre ses traces. Les ennemis que la vérité nous attire, ne valent-ils pas mieux que les amis que nous devons à la flatterie?

L'homme soupire pourtant après la vérité.

vérité. Mais dès qu'elle paraît, il ne veut plus la voir ; si elle le force à la reconnaître, il en est très-offensé.

La faute ne vient pas de la vérité, car elle est toute aimable, mais de la faiblesse de l'homme, qui ne saurait en soutenir l'éclat.

Veux-tu voir ton insuffisance dans tout son jour ?

Regarde-toi à la prière ! Pourquoi la religion a-t-elle été instituée, si ce n'est pour te convaincre de ton imperfection, te rappeler ta faiblesse, te prouver que c'est du ciel seul que tu dois attendre le bien ?

Ne te dit-elle pas sans cesse que tu n'es que cendre , que tu n'es que poussière ? Vois le repentir, ne naît-il pas de la faiblesse ?

Quand tu fais serment, quand tu jures de ne pas tromper, tu te couvres de honte, ainsi que celui qui reçoit ton serment, apprends à être juste, et le repentir te sera inconnu, apprends à être honnête, et tes serments deviendront inutiles.

Les plus courtes folies sont les meilleures, ne te dis donc pas, je ne veux pas être fou à demi.

Celui qui entend patiemment parler de ses défauts, aura le courage de reprendre les autres.

Celui qui sait refuser à propos, ne se formalisera pas d'un refus.

Si l'on te soupçonne, réponds avec assurance : il n'y a que le coupable qui doit s'effrayer du soupçon ?

L'homme sensible, touché des instances qu'on lui fait, oublie même ses projets; l'orgueilleux s'obstine, s'endurcit davantage lorsqu'on le sollicite. Le sentiment de ta propre faiblesse te fait un devoir d'écouter; mais pour être juste, il faut écouter sans passion.

Chapitre V.

Les misères attachées à l'humanité.

O homme ! faible comme tu es, incapable de bien, léger, inconstant dans tes plaisirs, il est une chose où tu es ferme et inébranlable, on la nomme les misères attachées à l'humanité.

Elles caractérisent ton être, elles sont une prérogative de ta nature, qui n'existe qu'en toi, qui ne se trouve nulle part ailleurs. Sais-tu où elles prennent leur source ? dans tes passions.

Celui qui t'en a fait part, t'a aussi donné la raison pour les combattre, sers t'en, tu en triompheras en les écrasant sous tes pieds.

Ton entrée dans le monde est réputée honteuse ? ta destruction paraît honorable ? Les hommes couvrent d'or, enrichissent de diamants les instruments de la mort, ils s'en décorent, les portent sur eux.

Celui qui fait un homme se cache ; celui qui en tue mille, est couvert de gloire.

Il faut que tu saches que ceci n'est qu'une erreur, l'usage ne saurait altérer la vérité, la faire changer de nature ; ni l'opinion reçue, détruire la justice ; la gloire et la honte sont ici déplacées.

Il n'y a qu'un moyen de faire un homme, il y en a mille pour le détruire.

On n'est ni loué, ni honoré, pour avoir donné l'être à un individu ; les honneurs du triomphe, l'empire du monde, sont les récompenses du meurtre.

Néanmoins, celui qui a plusieurs enfants, peut les regarder comme autant de bienfaits ; et celui qui a fait périr son semblable, ne doit plus jouir de la vie.

Quand le sauvage maudit la naissance de son fils, et bénit la mort de son père; ne se montre-t-il pas un monstre?

Les maux attachés à la vie, sont plus que suffisants ; s'en désoler, ne sert qu'à les augmenter.

S'affliger serait le pis de nos maux, tu n'en trouveras que trop de sujets, n'en augmente pas le nombre par ta perversité.

Le chagrin est inhérent à ta nature ; il se trouve sans cesse autour de toi ; le plaisir qui t'est étranger, vient rarement te rendre visite : sers-toi de ta raison, et tu sauras bannir la tristesse ; sois prudent, et quand la joie se présentera, tu prolongeras son séjour.

Il n'est pas une partie de ton corps qui ne puisse te causer de la douleur, les routes qui conduisent au plaisir, sont circonscrites et en petit nombre.

Les plaisirs ne peuvent être admis qu'un à un ; mais les peines fondent sur nous par milliers.

Comme un feu de paille s'éteint dès

qu'il est allumé de même, les rayons de joie s'éclipsent, sans que tu saches ce qu'ils sont devenus.

Les chagrins sont fréquents, les plaisirs rares : la peine vient d'elle-même nous trouver, les délices se font rechercher : la tristesse est sans mélange, mais la joie ne va jamais sans un grain d'amertume.

Comme la meilleure santé nous touche moins que la plus légère maladie, la plus grande joie nous fait moins d'impression que la plus petite peine.

Nous aimons à nous tourmenter; nous fuyons souvent le plaisir; ceux que nous achetons, ne coûtent-ils pas plus qu'ils ne valent?

Les réflexions sont la grande affaire de l'homme; le sentiment de son être est son premier devoir; mais qui ne s'oublie dans la joie? les chagrins inséparables de notre être, sont donc un bienfait.

L'homme prévoit les maux qui doivent arriver, s'en souvient quand ils sont passés : il ne s'apperçoit pas que ce souvenir les éternise et le blesse plus profondément. Ne t'occupe que des peines présentes, tu t'épargneras ainsi ce qu'elles ont de plus fâcheux.

Celui qui pleure avant le temps, pleurera plus qu'il ne faut, et sans autre raison, que le plaisir qu'il trouve à pleurer.

Le cerf ne pleure que lorsqu'il voit la lance levée sur lui ; et le castor ne verse des larmes que lorsque les chiens sont prêts à s'en saisir. L'homme sent d'avance les angoisses de la mort, par la crainte qu'il en a ; et cette peur est un bien plus grand mal, que l'événement même.

Sois toujours prêt à rendre bon compte de tes moindres actions, la meilleure mort, alors, sera celle qui aura été la moins prévue.

Chapitre VI.

Le Jugement.

Les plus grandes libéralités du ciel envers l'homme, sont le jugement et la volonté, heureux celui qui ne les méconnaît pas.

Comme le torrent qui se précipite du haut de la montagne, entraîne et détruit tout ce qu'il rencontre ; de même l'opinion reçue, engloutit la raison de celui qui s'y soumet, sans se demander d'où elle vient, sur quoi elle se fonde ?

Prends garde que ce qui te paraît une vérité, n'en soit que l'ombre, que ce que tu prends pour une conviction, n'ait plus d'apparence que de réalité. Sois ferme, constant, résolu dans ce qui te touche de près ; tu n'auras alors à répondre que de ta propre faiblesse.

Ne dis pas que le succès de l'événement prouve la sagesse des mesures :

souviens-toi que l'homme ne saurait se soustraire aux causes accidentelles.

Ne condamne pas le jugement d'un autre, parce qu'il diffère du tien, il peut se faire que tous deux se trompent?

Quand tu estimes un homme pour ses titres, que tu méprises l'inconnu qui en manque, ne juges-tu pas du chameau par la bride?

Ne crois pas t'être vengé de ton ennemi, en le tuant, il est de ce moment, hors de ta portée, tu le fais jouir d'un repos éternel, et tu t'es ôté tous les moyens de lui nuire.

Ta mère était-elle peu chaste, rougis-tu quand on t'en parle? ta femme a-t-elle été faible, et ce reproche te blesse-t-il? Celui qui t'en fait un crime, est le seul à blâmer. Dois-tu répondre du vice des autres?

Ne méprise pas un bijou, parce qu'il est en ta possession; et ne t'exagère pas la valeur d'une chose qui appartient à un autre. La possession ajoûte un nouveau prix aux yeux du sage.

N'honore pas moins ta femme, parce qu'elle est en ton pouvoir, et méprise celui qui dit, veux-tu l'aimer moins ? épouse-la. Qui l'a mis sous ta loi, si ce n'est l'idée qu'elle a conçue de tes vertus ? dois-tu l'aimer moins pour lui être plus obligé ?

Si en l'épousant tu as fait un bon choix, tu auras beau la négliger, tu la pleureras amèrement si tu as le malheur de la perdre.

Celui qui croit qu'on est heureux du seul bonheur de la posséder, s'il n'est pas plus sage que toi, est au moins plus heureux.

Ne juge pas de la perte que ton ami a faite sur les larmes qu'il répand. Les plus grandes douleurs ne s'expriment pas ainsi, elles se concentrent.

N'estime pas une action par le bruit

qu'elle fait, l'éclat qui en résulte ; l'âme la plus noble est celle qui fait de grandes choses sans en être émue.

Le bruit de la renommée flatte l'oreille de celui qu'elle vient frapper ; mais la tranquillité charme le cœur de celui qui la possède.

N'attribue pas les actions louables des autres à de mauvais desseins, tu ne saurais juger de leur cœur ; mais le monde verra par-là, que le tien est plein d'envie.

Il y a dans l'hypocrisie autant de folie que de vice ; il est aussi facile d'être honnête, que de le paraître.

Sois plus prêt à reconnaître un bon procédé, qu'à te venger d'un mauvais ; tu recevras par-là plus de bienfaits que d'injures.

Sois plus disposé à aimer qu'à haïr ; tu inspireras à ton tour plus d'amour que de haine.

Sois toujours porté à louer, mais ne

blâme qu'à regret ; tes vertus seront
honorées, et l'œil de l'inimitié se fer-
mera sur tes imperfections.

Fais le bien pour l'amour du bien,
non pour l'estime qui en doit résulter :
évite le mal, par haine du mal, et non
parce que les hommes le méprisent ; sois
honnête par principe d'honnêteté, ta
conduite alors sera uniforme. Celui qui
n'agit pas par principe, a toujours une
marche incertaine.

Préfère la réprimande du sage, aux
applaudissements de l'homme borné ;
celui qui t'avertit de tes fautes, croit
que tu peux te corriger ; celui qui te
loue, s'imagine que tu lui ressembles.

N'accepte pas de charge à laquelle
tu ne sois pas propre, celui qui en sait
plus que toi, te mépriserait.

Ne prétends pas instruire les autres
de ce que tu ignores, dès qu'ils s'en ap-
percevront, ils se moqueront de toi.

Ne t'attends à aucune amitié de la

part de celui que tu as offensé, qui reçoit l'injure peut la pardonner, mais celui qui se l'est permise, ne te verra jamais de bon œil.

Ne confère pas de trop grandes obligations à celui dont tu veux faire un ami, songe qu'il se trouverait accablé du poids de la reconnaissance; de légers services suffisent souvent pour aliéner l'amitié; de très-grands font un ennemi.

Cependant, l'ingratitude n'est pas dans la nature de l'homme, et sa colère n'est point implacable; il hait seulement de s'entendre rappeler une dette dont il ne saurait s'acquitter, et rougit de paraître devant celui qu'il a offensé.

Ne t'affliges pas du bien qui arrive à un inconnu, et ne te réjouis pas du mal qui survient à ton ennemi; voudrais-tu que les autres en fissent autant à ton égard ?

Veux-tu qu'on ait bonne idée de toi? que ta bienveillance soit universelle; si tu ne l'obtiens pas à ce prix, tu n'as pas d'autres moyens pour y parvenir ; et quand même tu n'y réussirais pas, tu jouiras d'un plaisir plus grand encore, celui de l'avoir mérité.

CHAPITRE VII.

La Présomption.

L'orgueil et la bassesse paraissent incompatibles ; mais l'homme a l'art de concilier les contraires, il est, de toutes les créatures à-la-fois, le plus chétif et le plus arrogant.

La présomption est une véritable peste pour la raison, elle ne la nourrit que d'erreurs, et cependant elle est innée dans l'homme avec la raison.

Quel est celui qui n'a pas une trop haute idée de lui, et une trop mince des autres ?

La présomption de l'homme est telle, qu'il ose se mesurer avec son créateur, comment ne chercherait-il pas à déprécier son semblable ?

Quelle est l'origine de la superstition ? et d'où dérivent les faux cultes ? si ce n'est de notre présomption à vouloir raisonner sur ce qui passe notre portée, à vouloir comprendre ce qui est incompréhensible.

Nous ne tirons même pas le parti qu'il faudrait, du peu de force accordée à notre intelligence, si faible, si bornée; l'effort de notre imagination ne saurait s'élever jusqu'aux grandeurs de Dieu, le vol de nos idées n'est point assez rapide pour nous pénétrer des hommages dûs à la divinité.

L'homme qui n'oserait se permettre les plus légers murmures contre les souverains de la terre, ne craint pas de se révolter contre les décrets de Dieu, dont il oublie la majesté; il ose même appeler de ses jugements.

L'homme qui croirait manquer à son

prince, s'il prononçait son nom à la légère, ne rougit pas d'avoir recours à celui de Dieu, pour soutenir un mensonge.

Celui qui écouterait, sans mot dire, les sentences des magistrats, ose plaider vis-à-vis de l'éternel, cherche à l'appaiser par des supplications, à le flatter de belles promesses, fait ses conventions, y met ses conditions, va même jusqu'à le braver, se déchaîner contre lui, si ses demandes ne lui sont point accordées.

Pourquoi, ô homme! ton impiété reste-t-elle impunie; si ce n'est que le jour du châtiment n'est pas encore venu?

Ne ressemble pas à ceux qui se battent contre le tonnerre; ne refuse pas tes hommages au créateur, parce qu'il juge à propos de te châtier, ta folie ici serait pour ton compte, ton impiété ne retomberait que sur toi.

Pourquoi l'homme qui se vante d'être le favori du ciel, néglige-t-il de rendre à son créateur ses hommages et ses actions de grâces? Comment accorder une pareille conduite, avec cet excès de présomption ?

L'homme qui n'est en effet qu'un atôme dans l'espace, croit que le ciel et la terre n'ont été créés que pour lui, et se figure que la nature entière est intéressée à son sort.

Le fou qui apperçoit la mobilité des images sur la surface de l'eau, s'imagine que les arbres et les villes, et toute l'étendue de l'horison, dansent pour l'amuser; de même l'homme, témoin de la marche imposante de la nature, se figure que tous ces mouvements ne sont faits que pour lui récréer la vue.

S'il cherche les rayons du soleil pour se réchauffer, il se persuade qu'il n'a été créé que pour son usage; s'il suit les traces de la lune dans sa course nocturne ; c'est pour l'éclairer qu'elle a été placée aux cieux.

Insensé, dupe de ton propre orgueil ! sois humble ! apprends que le cours de la nature est très-indépendant de toi, et que les vicissitudes des saisons, ne sont pas faites pour toi.

Rien ne serait changé dans la nature, si toute ta race cessait d'exister ; ton espèce n'est qu'une parmi des millions d'autres, qui, comme toi, ont reçu le bienfait de la vie.

Si tu t'élèves au ciel, tu trouveras les anges qui sont tes supérieurs ; ne dédaigne donc pas les autres habitants de la terre, parce qu'ils sont au-dessous de toi ; ne sont-ils pas les œuvres de la même main ?

Si tu es devenu heureux par les bontés de ton créateur, comment oses-tu, de gaieté de cœur, mettre d'autres créatures à la torture, sans songer que tu pourrais en être la victime.

Ne servent-ils pas, comme toi, le même maître, ce maître universel n'a-t-il pas prescrit des lois à chacun, ne veille-t-il pas à leur conservation ?

Et comment oses-tu les enfreindre ?

Ne crois pas ton jugement au-dessus de celui de toute la terre ; et ne condamnes pas comme faux ce qui passe ta compréhension. Qui t'a établi le juge des autres, qui a privé ce monde du droit de choisir ?

Combien de choses rejettées, sont aujourd'hui adoptées comme des vérités ? combien de vérités admises en ce moment, qui seront à leur tour méprisées ? Quelle certitude l'homme peut-il donc acquérir ? De quoi l'homme peut-il s'assurer ?

Fais tout le bien dont tu es capable, le bonheur en sera la récompense. La vertu t'est plus nécessaire que la science.

Le vrai et le faux n'ont-ils pas pour nous la même apparence, dans tout ce qui est hors de notre portée ? Qui peut donc en juger, si ce n'est notre présomption ?

Nous croyons aisément tout ce qui passe notre compréhension, ou nous en faisons semblant par orgueil, pour donner une grande idée de notre capacité; n'est-ce pas le comble de l'arrogance et de la folie?

Quel est celui qui prononce le plus hardiment? qui est le plus entêté dans son opinion? celui qui est le plus ignorant, l'orgueil lui tient lieu de science.

Tout homme qui adopte une opinion, veut la conserver, mais le présomptueux y tient plus qu'un autre, il ne lui suffit pas d'avoir trahi sa conscience en y souscrivant, il veut de plus propager cette erreur, imposer à l'univers sa fausse croyance.

Ne dis pas que la vérité s'établit par l'écoulement des années, ou que la certitude se trouve dans la croyance de la multitude.

Toute proposition humaine est aussi bonne l'une que l'autre, tant que la raison n'en a pas fait la différence.

LIVRE III.

Des affections de l'homme, perni-cieuses pour lui et pour les autres.

CHAPITRE PREMIER.

L'Avarice.

LES richesses méritent si peu d'attention, que celui qui s'occupe sérieusement du soin d'en acquérir, est très-condamnable.

Le desir de ce que l'homme appelle bien, sa joie lorsqu'il le possède, ne sont fondés que sur l'opinion, ne te règle pas sur celle du vulgaire. Evalue le prix de chaque chose, tu ne seras plus cupide.

Le desir immodéré des richesses, est un poison qui se loge dans l'âme. Il flétrit et dénature tout ce qui s'y trouvait de bien. Il ne s'y est pas plutôt en-raciné, que toutes les vertus, tout ce qui caractérise l'honnêteté, toutes les affections naturelles disparaissent à son approche.

L'homme avare vendrait ses enfants pour avoir de l'or ; son père périrait avant qu'il se permît d'entr'ouvrir son coffre ; il va même jusqu'à se compter pour rien auprès de son trésor. Il se rend misérable dans la recherche du bonheur.

Celui qui vendrait sa maison pour se procurer les moyens de l'orner et de l'embellir, peut être comparé à celui qui renonce à son repos, pour courir après les richesses, dans l'espoir de de-venir heureux lorsqu'il en jouira.

Par-tout où la cupidité règne, tu trouveras une âme dépravée, celui qui ne prise pas les richesses au-dessus de tous les biens de la terre, ne saurait se résoudre à tout sacrifier pour se les procurer.

Celui qui ne regarde pas la pauvreté comme le plus grand des malheurs, ne s'attirera pas tous les autres maux, pour éviter celui-ci.

Insensé, la vertu n'est-elle pas d'un tout autre prix que lá richesse? le crime ne dégrade-t-il pas plus que la pauvreté ? il dépend de tout homme de se procurer le nécessaire, apprends à t'en contenter, et le bonheur dont tu jouiras, te fera regarder en pitié, les peines de celui qui ne songe qu'à amasser.

La nature a caché l'or dans les entrailles de la terre, comme indigne de paraître ; elle a placé l'argent pour être foulé aux pieds ; n'a-t-elle pas voulu te prouver par - là que l'or ne doit pas fixer tes regards ; que l'argent ne doit pas attirer ton attention ?

La cupidité réduit des malheureux à être enterrés tous vifs, ces infortunés,

condamnés

condamnés à fouiller dans les entrailles
de la terre, en tirent pour leurs maîtres
barbares, ce qui les venge de cette
cruelle existence, ce qui les rend mille
fois plus misérables que ces pauvres
esclaves.

Par-tout où la terre renferme des
trésors, sa surface est aride; dès que
l'or est contenu dans son sein, on ne
voit plus l'herbe croître.

Le cheval n'y saurait trouver sa pâture, le mulet son pâturage; les riches
moissons de la blonde Cérès, ne couvrent ni les champs, ni les riants cô-
teaux; l'olivier n'y présente pas son
fruit, la vigne, ses belles grappes do-
rées. Le cœur de celui qui couve ses
trésors, est de même dépourvu de
tous biens.

Les richesses sont les serviteurs du
sage, mais elles exercent sur l'âme de
l'insensé, un empire absolu.

L'avare est l'esclave de son or, loin

de s'en servir, il possède ses richesses, comme le malade sa fièvre ;
elle le brûle, le ronge, le dévore, et ne
le quitte qu'à la mort.

L'or n'a-t-il pas détruit la vertu dans
des millions d'hommes ? A-t-il jamais
ajoûté le moindre prix au mérite d'un
individu ?

Les êtres les plus méprisables n'en
sont-ils pas les mieux pourvus ? Pourquoi voudrais-tu jouir de cette dis-
tinction ?

Les sages sont par-tout ceux qui en
ont eu le moins ; la sagesse ne fait-elle
pas le bonheur ?

Les plus méchants, parmi ton espèce,
n'en ont-ils pas eu la plus grande portion ?
et leur fin n'a-t-elle pas été misérable ?

La pauvreté manque de beaucoup de
choses, l'avarice se les refuse toutes.

L'avare ne saurait être bon pour
personne ; mais il n'est jamais si cruel
qu'envers lui-même.

Procure-toi de l'or par ton industrie, et disposes-en noblement ; l'homme n'est jamais si heureux que lorsqu'il fait le bonheur d'un autre.

CHAPITRE II.

La Prodigalité.

S'il est un vice qui l'emporte sur celui d'entasser des richesses, c'est d'en abuser en les dissipant follement.

Celui qui prodigue son superflu, en le répandant mal-à-propos, dérobe au pauvre ce qui lui appartient par droit de nature.

Celui qui répand inconsidérément ses trésors, s'ôte le moyen de faire le bien, se refuse l'exercice des vertus, qui portent avec elles leurs récompenses, et qui ne peuvent qu'assurer son bonheur.

Il est plus difficile de se posséder dans les richesses, que de se modérer lorsqu'elles nous manquent, L'homme se conduit mieux dans la pénurie que dans l'abondance.

La pauvreté n'exige qu'une seule vertu, la patience ; si le riche est dépourvu de charité, de tempérance, de prudence et de bien d'autres vertus, il ne pourra manquer de mériter le blâme.

Le pauvre ne doit songer qu'à l'amélioration de son sort, le riche doit s'occuper du bien-être d'un millier d'autres.

Celui qui sait placer convenablement ses trésors, sait par-là se défaire des tourments de la vie, celui qui cherche à les augmenter, n'accumule que des chagrins.

Ne refuse pas à l'inconnu le nécessaire qui lui manque, défais-toi, en faveur de ton frère, de ton propre nécessaire.

Sois assuré qu'il est plus doux de

manquer de ce que l'on a donné, que
de posséder des millions, dont on ne
connaît pas le prix.

Chapitre III.

La Vengeance.

La vengeance prend sa source dans
la faiblesse de l'âme, les âmes basses et
viles, y sont les plus portées.

Qui se plaît à mettre à la torture les
gens qu'il hait, si ce n'est le lâche ?
Qui assassine et vole à-la-fois, si ce n'est
le poltron ?

Il faut se sentir blessé, avant que de
songer à se venger ; mais l'âme noble,
élevée, toujours supérieure à l'injure,
la dédaigne, et ne dit pas, cela m'a
fait mal.

Si l'injure en elle-même n'est pas indigne de ton attention, celui qui se
l'est permise, s'est, par cela seul, cou-

vert d'infamie, voudrais-tu te mesurer
avec ton inférieur ?

Dédaignes l'homme qui voudrait te
faire tort ; méprise celui qui cherche à
troubler ton repos.

Non-seulement tu conserves par-là ta
propre tranquillité, mais tu imposes
toute la peine de la vengeance, sans
t'être abaissé à l'exercer.

La tempête et le tonnerre ne touchent ni au soleil, ni aux étoiles, mais
vont jetter leur fureur sur les pierres
et les arbres qui sont au-dessous ; il en
est de même de l'injure, qui ne saurait
atteindre l'âme élevée, elle ne frappe
que celle de celui qui ressemble à
l'aggresseur.

Les petites âmes se plaisent à exercer
la vengeance ; les grandes méprisent
l'offense ; et loin de s'en troubler, sa-
vent même en tirer parti.

Pourquoi cherches-tu à te venger ! ô
homme ! quel but te proposes-tu? Crois-

tu, par-là, rendre ton adversaire malheureux? Apprends que ses plus grands
tourments te sont réservés.

La vengeance ronge le cœur de celui
qui en est infecté, tandis que celui
contre qui elle s'exerce, reste tranquille.

Les angoisses qu'on en ressent sont
injustes; la nature ne l'a donc pas faite
pour toi. Celui qui est offensé, a-t-il besoin d'augmenter sa peine ? ou doit-il
chercher à donner de nouvelles forces,
au chagrin que d'autres lui font ?

L'homme qui médite la vengeance,
ne se contente pas du mal qu'on lui a
fait ; il ajoûte à sa douleur la peine due
à un autre : tandis que celui qu'il veut
punir, se promène gaîment, et rit du
nouveau tourment qu'il se donne.

Les projets de vengeance sont pé-
nibles, leur exécution est dangereuse :
la hache tombe rarement où celui qui
la lève voulait porter le coup ; il oublie,

sans doute, qu'elle doit revenir sur lui.

Tandis que le vindicatif cherche la perte de son ennemi, souvent il lui arrive d'opérer sa propre ruine ; au moment où il vise l'œil de son adversaire, il se tire les deux yeux.

S'il ne parvient pas à ses fins, il se désole ; s'il y réussit, il s'en repent, les poursuites de la justice troublent son repos ; les peines qu'on prend pour l'y soustraire, détruisent celui de ses amis.

La mort de ton adversaire peut-elle satisfaire ton âme ? Ta tranquillité tient-elle à ce que tu le mettes en repos ?

Veux-tu lui faire regretter sa faute ? épargne-le, tu en triompheras ; mort, il ne reconnaîtra pas ta supériorité ; il se trouve à l'abri de ta colère.

Le triomphe de la vengeance devrait être de livrer l'agresseur au déplaisir, à la peine et au regret d'y avoir donné lieu.

Telle est la vengeance que la colère inspire : mais le mépris est, de toutes les vengeances, la plus redoutable.

Tuer celui qui nous a offensé, est une lâcheté : on ne se défait de son ennemi que dans la crainte qu'il ne vive et se venge.

La mort termine la querelle ; mais elle ne rétablit pas la réputation : tuer est un acte de prudence, non de courage, c'est un moyen sûr, mais qui n'est pas honorable.

Rien de plus aisé que de se venger d'une offense ; rien de si grand que de la pardonner.

C'est la plus belle victoire que l'homme puisse remporter sur lui-même ; celui qui dédaigne l'injure, en fait retomber toute la honte sur celui qui se l'était permise.

Quand tu formes des projets de vengeance, tu avoues que tu te sens offensé ; quand tu te plains, tu conviens que tu es blessé ; prétends-tu ajoûter ce triomphe à la gloire de ton ennemi? Ce qu'on ne sent seulement pas, ce qui n'affecte nullement, ne saurait être une injure ; comment celui qui sait mépriser, peut-il se permettre de se venger?

Si tu crois te déshonorer en supportant une injure, fais plus, sais la vaincre, tu triompheras.

Les bons procédés feront rougir l'homme qui s'est déclaré ton ennemi; ta grandeur d'âme le fera frémir à l'idée de t'offenser.

Plus l'offense est grande, plus le pardon te couvre de gloire; plus la vengeance serait légitime, plus ta clémence devient honorable.

As-tu le droit d'être juge dans ta propre cause? Peux-tu être à-la-fois juge et partie, dois-tu prononcer avant de condamner? Attends que d'autres aient dit, cela est juste.

Le vindicatif est craint, parcequ'équent haï , mais celui qui s'est montré clément, est adoré; cette conduite, à jamais digne d'éloges , ne cesse d'être admirée , et lui attire l'amour du genre humain.

CHAPITRE IV.

La Haine, l'Envie, la Cruauté.

Si la vengeance est détestable , que dirons-nous de la cruauté ? Elle a tout le venin de la première , et sans en avoir le prétexte , elle agit sans que rien la provoque.

Les hommes la désavouent, comme n'étant pas de leur nature; ils en ont honte comme étant étrangère à leur cœur : ne la nomment-ils pas inhumanité ?

D'où tire-t-elle donc son origine ? y a-t-il rien d'humain, à qui elle doive son existence ? Son père est la Crainte;

va plus loin, la Terreur n'est-elle pas sa mère ?

Le héros lève l'épée sur l'ennemi qui lui résiste; mais dès qu'il se soumet, il est satisfait.

L'honneur permet-il de fouler aux pieds un objet saisi de crainte? La vertu se profanerait en insultant ce qui est au-dessous d'elle, il faut dompter l'insolent, mais épargner le suppliant, tu seras alors au comble de la victoire.

Celui qui ne se sent pas la force de se proposer une aussi noble fin, ni le courage de suivre cette marche pour y parvenir, prend le meurtre pour la conquête, le carnage pour la souveraineté.

Celui qui craint tout, frappe sur tout; pourquoi les tyrans sont-ils si cruels, si ce n'est parce qu'ils passent leur vie dans les transes ?

Le chien déchire la carcasse de l'animal qu'il n'osait regarder en face quand il vivait ; le chien de chasse qui le poursuit jusqu'à la mort, ne le met pas en pièces lorsqu'il est à bas.

Les guerres civiles sont les plus sanglantes, parce que les combattants sont des poltrons ; les conspirateurs sont des assassins, parce que la mort est silencieuse ; n'est-ce pas la crainte qui les avertit qu'ils peuvent être trahis ?

Pour n'être pas cruel, mets-toi au-dessus de la haine ; pour n'être pas inhumain, mets-toi hors de la portée de l'envie.

Les hommes peuvent être envisagés sous deux différents points de vues ; sous l'un, ils sont inquiétants, sous l'autre, ils sont moins à craindre ; cherche à les voir du côté qui te blessera le moins, et tu ne songeras pas à leur faire de mal.

Existe - t - il quelque chose dont l'homme ne puisse faire son profit ? Dans ce qui nous offense le plus, nous trouvons plus de sujets de plainte que de haine; l'homme ne demande qu'à se reconcilier avec celui dont il se plaint, il ne veut tuer que ce qu'il hait?

Si l'on t'empêche d'obtenir une grâce, ne te mets pas en fureur : la perte de ta raison serait d'une toute autre importance.

Parce qu'on t'a ôté ton manteau, voudrais - tu aussi te défaire de ton habit ?

Lorsque tu envies l'homme qui jouit des honneurs; quand ses titres, ses places, sa grandeur, excitent ton indignation; demande-toi d'où ils lui viennent, par quel moyen il y est parvenu, et ton envie se changera en pitié.

Si l'on t'offrait les mêmes succès au même prix, sois assuré que si tu étais sage, tu les refuserais.

Quelle est la monnaie dont on paie les titres, la flatterie? Comment l'homme acquiert-il du pouvoir, si ce n'est en se

rendant l'esclave de celui qui le dis-
tingue ?

Voudrais-tu perdre ta liberté, pour
avoir le droit de ravir celle d'un autre ?
ou peux-tu envier celui qui en use
ainsi.

L'homme n'obtient rien de ses supérieurs qu'à un prix quelconque, et ce
prix est toujours fort au-dessus de la
valeur ? Voudrais - tu changer l'usage
reçu, voudrais - tu faire l'acquisition
sans en donner le prix ?

Comme tu ne saurais envier ce que
tu ne voudrais pas accepter, défais-toi
de ce sujet de haine ; et chasse de ton
âme ce moyen de t'allier à la cruauté.

Si tu chéris l'honneur, peux-tu envier
ce qui ne s'obtient qu'à ses dépens ? Si
tu connais le prix de la vertu, n'auras-
tu pas pitié de ceux qui l'ont livrée à si
bas prix ?

Quand tu seras parvenu à voir d'un
œil d'indifférence, les prétendus biens

dont les hommes sont si avides, tu les verras, avec plaisir, jouir du véritable bonheur.

Si tu vois un bien réel arriver à celui qui en est digne, tu t'en réjouiras; la prospérité des gens de bien fait le bonheur de l'homme vertueux.

Celui qui jouit du bonheur des autres, à coup sûr augmente le sien.

CHAPITRE V.

La Tristesse.

La vue de l'homme gai suffit pour dérider la figure de celui qui se livre à sa douleur, mais l'abattement de la tristesse, amortit la joie la plus brillante.

D'où naît la tristesse? de la faiblesse de l'âme; qui la rend si puissante, si ce n'est du défaut de courage; sors de cet assoupissement, prépare-toi à la combattre, et elle t'abandonnera le champ de bataille, avant que tu aies porté le premier coup...

Elle est l'ennemie de ta race, bannis-la donc de ton cœur ; elle empoisonne toutes les douceurs de la vie, ne souffre pas qu'elle entre dans ta demeure.

De la perte d'une paille, elle ferait la ruine totale. Tandis qu'elle te vexe par des misères, elle détourne ton attention des choses importantes, mais ne l'écoutes pas, tout ce qu'elle semble t'annoncer de sinistre, n'est que des prédictions.

Elle engourdit les vertus, les couvre d'un voile, les cache à ceux qui t'honoreraient, s'ils en étaient témoins ; elle les embrouille, les paralyse, au moment même où elles te sont le plus nécessaires, où tu ne peux te dispenser de les exercer.

Elle ne veut que t'opprimer sous les coups du sort, t'abattre, te lier les mains, pour que tu ne puisses jetter au loin le fardeau qui t'accable.

Si tu veux éviter ce qui pourrait te dégrader, si tu dédaignes la lâcheté, si tu veux bannir de ton cœur l'injustice, ne permet pas à la tristesse de s'en emparer.

Quelle ne se décore pas des apparences de la piété, et qu'elle ne te trompe pas en prenant le masque de la sagesse. La religion rend hommage à ton créateur, voudrais-tu la flétrir par la mélancolie? La sagesse te rend heureux, le chagrin qui ne saurait fixer ses regards, lui est inconnu.

De quoi l'homme se chagrinerait-il? si ce n'est de ce qui l'afflige; pourquoi l'homme bannirait-il la joie de son cœur, s'il n'est privé d'aucunes des causes qui la produisent, ne serait-ce pas se rendre misérable pour le plaisir de l'être?

Le pleureur aux pompes funéraires,

dont l'air est triste, parce qu'il a été
loué pour paraître tel, et qui ne pleure
que parce que ses larmes lui sont payées,
peut être comparé à celui qui prend le
chagrin à cœur, non parce qu'il souffre, mais parce qu'il est d'humeur
sombre.

Ce n'est pas le sujet qui fait la peine,
la même cause fera rire un autre.

Demande à tous les hommes, si le
chagrin a jamais remédié aux maux,
ils seront les premiers à convenir que
ce n'est qu'une folie; ils feront plus, ils
loueront celui qui supporte patiemment
ses peines, qui tient tête à l'orage, et
dont le courage ne se dément point au
milieu de l'infortune; on devrait imi-
ter ce qu'on approuve.

La tristesse est contre nature, elle en
trouble le cours, et rend désagréable
tout ce qu'elle a destiné à nous paraître
aimable.

Comme le chêne, renversé par la

tempête, ne lève plus la tête; de même
le cœur de l'homme qui cède à la tristesse, ne retrouve plus son ancien
courage.

Comme la neige sur les montagnes,
est fondue par la pluie qui coule sur
son penchant, et l'entraîne; de même
les pleurs ternissent l'éclat de la beauté,
flétrissent les joues qu'elles inondent;
ni l'une ni l'autre ne renaissent, mais
s'effacent à jamais.

Comme la perle est dissoute par le
vinaigre, qui ne semble d'abord qu'obs-
curcir sa surface, ton bonheur, ô
homme! est de même englouti par le
chagrin, qui semble d'abord ne vouloir
le couvrir que de son ombre.

Vois la tristesse se promener dans
les rues, examine-la dans les places
publiques, personne ne la regarde?
elle évite tout le monde, et chacun
semble la fuir.

Vois sa tête penchée comme celle

d'une fleur, blessée dans sa racine! vois comme elle fixe à terre ses yeux, qui ne lui servent qu'à pleurer.

Sait-elle discourir? trouve-t-on dans son cœur l'amour de ses semblables? trouve-t-on en elle la moindre raison? demandes-en la cause; elle n'en sait rien : demandes-en le sujet, il n'y en a aucun.

Néanmoins ses forces l'abandonnent, elle descend enfin dans la tombe, sans que personne ne se dise qu'est - elle devenue?

As-tu du sens-commun, et peux-tu ne pas voir ta folie? As-tu de la religion, et n'apperçois-tu pas ton erreur?

Dieu t'a créé dans sa miséricorde; s'il n'eût pas voulu te rendre heureux, sa bonté ne t'aurait pas donné l'existence, comment oses-tu donc te révolter à ce point contre sa majesté?

Plus tu trouves de bonheur dans la simplicité de ton cœur, plus tu l'ho-

nores, et ton mécontentement est-il
autre chose que des plaintes amères
contre lui ?

N'a-t-il pas créé toutes choses su-
jettes à des changements ? et de quel
droit oses-tu te plaindre qu'ils subissent
cette loi ?

Si les lois de la nature nous sont connues, nous devons nous y soumettre
sans plaintes ; si nous les ignorons,
nous ne pouvons nous en prendre qu'à
notre aveuglement sur tout ce qui se
passe, à chaque instant devant nous.

Apprends que ce n'est point à toi à
donner des lois à ce monde ; tu dois les
prendre telles qu'elles sont, et les res-
pecter, si elles te contrarient, tes lamentations ne sont propres qu'à aigrir
tes peines.

Ne t'abuse pas par de vains prétextes,
et ne crois pas que la tristesse adoucisse
le malheur. C'est un véritable poison,
qui se présente sous les apparences

d'un remède : qui, au lieu de tirer le
trait qui te blesse , le plonge davantage
dans le cœur.

Quand la tristesse t'éloigne de tes
amis , ne semble-t-elle pas te dire que
tu n'es pas digne de vivre en société ?
Lorsqu'elle t'attire dans des coins, ne
dirait - on pas qu'elle rougit de se
montrer ?

Il n'est pas donné à ta nature d'é-
prouver les coups du sort, sans en être
affecté : la raison n'attend pas cet effort
de toi : il est de ton devoir de supporter
tes malheurs en homme, mais pour cela
faire, il faut commencer par les sentir
de même.

Tes larmes peuvent couler sans que
la vertu t'abandonne; mais garde-toi
d'en répandre sans cause , ou trop
abondamment.

L'étendue du mal ne se mesure pas
par la quantité de larmes qu'on répand,
les grandes douleurs ne s'expriment

point ainsi. L'excès de la joie nous rend muets.

Est-il rien qui affaiblisse plus l'âme que le chagrin? Qui est-ce qui l'abat comme la tristesse?

L'homme accablé de chagrin, est-il propre aux grandes et nobles entreprises, sait-il s'armer pour la défense de la vertu?

Ne te rends pas l'esclave de maux dont tu ne saurais, en retour, tirer le moindre avantage, et ne sacrifie pas un bien réel à un mal évident.

LIVRE

LIVRE IV.

Les avantages que l'Homme peut acquérir sur ses semblables.

CHAPITRE PREMIER.

La Noblesse et l'Honneur.

La noblesse ne réside réellement que dans l'âme, et il n'existe de véritable honneur que dans la vertu.

La faveur des princes peut s'obtenir par le vice, le rang; les titres peuvent s'acheter avec de l'argent, aussi ne sont-ils pas le véritable honneur.

Les crimes ne sauraient porter celui qui les commet à une gloire réelle, comme l'or ne saurait annoblir les hommes.

Quand les titres sont la récompense de la vertu, quand celui qui a bien servi sa patrie, est placé dans un rang

I

distingué, celui qui accorde les honneurs, se couvre d'autant de gloire que celui qui les reçoit, et le public en tire tous les avantages.

Voudrais-tu te voir élevé en grade sans qu'on sache pourquoi ? Voudrais-tu qu'on dise de toi , pourquoi est-il là.

Quand les enfants du héros héritent des vertus de leur père, les titres qui les décorent ne sont point déplacés, mais quand celui qui les possède, ne ressemble pas à celui qui les avait mérités , ne dit-on pas qu'il est dégénéré ?

Les hommes héréditaires sont réputés les plus nobles ; mais la raison nous parle en faveur de celui qui a su les acquérir.

L'homme dépourvu de mérite, qui tire toute sa grandeur des hauts faits de ses ancêtres, ressemble au voleur qui court dans un temple se réfugier aux pieds de la Pagode.

Que sert à l'aveugle, que ses parents aient joui de la vue ? Quel avantage un muet retire-t-il de l'éloquence de son grand-père ? De même, à quoi sert aux êtres vils que leurs prédécesseurs aient été nobles ?

Les dispositions vertueuses annoblissent celui qui les possède, dépourvu de titres, il s'élevera fort au-dessus du vulgaire.

Il acquérera les honneurs, tandis que les autres les reçoivent ; ne pourra-t-il pas leur dire : C'est ainsi que se conduisaient les hommes, dont vous faites gloire de tirer votre origine ?

L'honneur accompagne la vertu, comme l'ombre suit la substance.

Ne dis pas que l'honneur est fils de l'intrépidité, ne crois pas que pour l'acquérir, il suffise d'hasarder sa vie, ce n'est point à l'action qu'il est dû, mais à la conduite qu'on a tenue.

Tout le monde n'est point appelé à

tenir les rênes de l'état, et tous ne sont pas nés pour commander des armées. Acquitte-toi de ton mieux de la charge qui t'est commise, et tu te rendras digne d'estime.

Ne dis pas qu'il faut savoir vaincre les difficultés, se donner des peines, courir des risques, pour parvenir à la renommée, la femme chaste ne mérite-t-elle pas les plus grands éloges, l'honnête homme ne se fait-il pas honorer.

L'amour de la gloire l'emporte sur tout autre, le desir de se faire honorer est très-puissant, celui qui nous les a donnés, les a réservés pour les grandes occasions.

Quand il faut avoir recours à des moyens désespérés pour l'utilité publique, quand il s'agit d'exposer sa vie pour le bien de la patrie, qui peut donner une nouvelle force à la vertu, si ce n'est l'ambition ?

L'âme noble ne se glorifie point des

honneurs qu'elle reçoit, elle n'est fière
que de les avoir mérités.

Ne vaut-il pas mieux qu'on dise:
pourquoi n'a-t-on pas dressé des sta-
tues à cet homme ? que de voir demander pourquoi il en a eu?

L'ambitieux sera toujours le premier
dans la foule, il se pousse en avant, et
ne regarde pas derrière lui, il souffre
plus d'être précédé par un seul , qu'il
ne jouit des milliers qu'il a laissé derrière lui.

L'ambition enracinée dans tous les
cœurs, ne s'élève pas par-tout au même
degré , la crainte l'arrête dans les
uns; la modestie l'étouffe dans mille
autres.

C'est la robe dont l'âme se revêt à
l'intérieur , la première chose dont elle
se couvre avec son enveloppe charnelle,
et la dernière dont elle se dépouille en
s'en séparant.

Elle pare l'homme, honore sa nature, quand il sait en faire un noble usage, quand il en abuse, elle l'avilit et le perd à jamais.

Le traître qui la nourrit dans son cœur, la cache; il couvre sa figure du voile de l'hypocrisie; et la froide dissimulation vient à l'appui lui fournir les expressions les plus douces ; mais les hommes voient enfin quels étaient ses projets.

Le serpent engourdi par la gelée, ne perd pas son venin, la dent de la vipère n'est point brisée par le froid qui lui ferme la bouche; prends pitié de son état, et tu verras quel est son naturel, réchauffe-la dans ton sein, et pour ta peine elle te donnera le coup de la mort.

Celui qui est vraiment vertueux, aime la vertu pour elle-même ; il dédaigne les applaudissements que l'ambition recherche.

La vertu serait en effet bien peu de

chose, si son bonheur dépendait de l'approbation d'un autre? Elle est trop grande pour chercher des récompenses; elle ne veut ni ne peut l'être, il serait impossible de reconnaître son prix.

Plus le soleil s'élève, moins il fait d'ombre ; les plus grandes vertus sont aussi celles qui ambitionnent le moins d'éloges, sans pouvoir néanmoins se soustraire à l'honneur qui en est la récompense, qui les couvre de son éclat.

La gloire, comme l'ombre, fuit celui qui court après, et suit les traces de de celui qui veut l'éviter : si tu la courtises sans mérite, tu ne l'atteindras pas, si tu t'en rends digne, tu auras beau te cacher, elle ne t'abandonnera jamais.

Poursuis ce qui est honorable, fais ce qui convient; et les témoignages de ta propre conscience te causeront plus de joie réelle, que les acclama-

tions d'un millier de gens, qui ne sa-
vent point ce que tu vaux.

CHAPITRE II.

L'Etude et la Science.

Le plus bel emploi que l'homme
puisse faire de son esprit, est l'étude
des œuvres du créateur.

Celui qui se livre à la ravissante étude
de la nature, trouve par-tout des preuves de l'existence de Dieu. Chaque
preuve lui donne de nouveaux sujets
de l'aimer, de l'admirer, de l'adorer.

Son esprit s'élève sans cesse vers le
ciel, sa vie entière est un acte religieux.

Jette-t-il les yeux sur l'empire des
nuages, tout y est merveille et merveil-
leux ? Les abaisse-t-il sur la terre, le
ver de terre ne lui crie-t-il pas qu'il ne
fallait rien moins qu'un Dieu pour le
créer ?

Tandis que les planètes parcourent leur orbe, que le soleil reste immuable ; tandis que la comète s'égare dans le fluide de l'air, et reparaît encore sur la route qui lui est marquée, quel autre qu'un Dieu, que ton Dieu, ô homme ! aurait pu former ces grands corps ? Quelle sagesse infinie ne fallait-il pas pour leur prescrire des lois ?

Que leur splendeur est imposante ! néanmoins cet éclat est toujours le même, et ne diminue jamais ; admire la rapidité de leurs mouvements, aucune, cependant, ne se trouve dans le chemin de l'autre.

Abaisse tes regards sur la terre, vois ses productions, vas fouiller jusques dans ses entrailles, vois ce qu'elles contiennent, le tout n'est-il pas ordonné par la sagesse, et la toute-puissance même ?

Qui dit à l'herbe de croître ? qui l'arrose à temps ? Le bœuf la broûte ;

Le cheval, la brebis ne s'en nourrissent-
ils pas? Quel est celui qui prend soin de
les en pourvoir?

Qui fait multiplier le bled que tu
sèmes? Qui te le rend au centuple? Qui
fait mûrir pour toi, l'olivier, le raisin,
quand la saison arrive, et sans que tu
puisses en deviner la cause?

La plus chétive mouche pourrait-elle
se créer? ne faudrait-il pas que tu ne
fusses rien moins qu'un Dieu, pour
avoir pu la façonner?

Les animaux sentent qu'ils existent,
mais ils ne s'en étonnent pas, ils jouissent de la vie, sans se douter de sa fin ;
chacun par succession en remplit le
cours, et dans tant de milliers de gé-
nérations, aucune espèce ne se perd.

Toi qui vois que l'ensemble est aussi
admirable, que les parties qui le com-
posent, tu ne saurais même employer
tes yeux qu'à chercher, dans ce magnifique spectacle, les grandeurs de ton

créateur ; quelles plus belles pâtures pour ton esprit, que de méditer sur toutes ces merveilles ?

Sa puissance, sa miséricorde, paroissent dans tout ce qu'il a créé ; sa bonté, sa justice, dans les soins qu'il prend de pourvoir ses créatures, ne sont-elles pas admirables? Ils sont tous heureux dans leurs différentes organisations , et ne s'envient point les uns les autres.

Qu'est-ce que l'étude des mots en comparaison de celle-ci? Est-il quelque science comparable à l'étude de la nature, quelqu'autre connaissance qui en mérite le nom ?

Après avoir rendu tes hommages à ce noble édifice, informe-toi des avantages qui en résultent pour toi; apprends que la terre ne produit rien qui ne te soit utile. Ta nourriture, tes vêtements, les plantes salutaires à tes maux, sortent tous de cette unique source ?

Qui peut donc se dire sage, s'il n'a cette connaissance; intelligent s'il ne sait contempler la nature? Et dans le vrai, la science qui renferme le plus d'utilité, la connaissance qui offre le moins de vanité, ne doit-elle pas être préférée à toutes les autres ? Profites-en pour l'amour de tes semblables.

Vivre et mourir, commander et obéir, agir et souffrir, ne sont-ce pas là où se bornent tes soins ? La morale t'apprendra comment tu dois t'en acquitter, et l'économie de la vie te prescrira ta marche.

Ces lois sont écrites dans ton cœur, il ne faut que te les rappeler, elles sont d'une conception facile ; sois attentif, et tu sauras les retenir.

Toutes autres sciences sont vaines, les autres connaissances sont vides; bien mieux, elles ne sont ni utiles ni nécessaires à l'homme, elles ne le rendent ni meilleur ni plus honnête.

Ta reconnaissance envers Dieu, ta bienveillance envers tes semblables, sont tes premiers devoirs? Qui pourra mieux t'apprendre l'un que l'étude et la contemplation des œuvres du créateur? Qui t'instruira de l'autre, si ce n'est le sentiment de ta propre dépendance?

LIVRE V.

Des accidents naturels.

CHAPITRE PREMIER.

La Prospérité et l'Adversité.

QUE la prospérité ne te rende pas trop fier, que ton âme ne se laisse pas abattre par les coups du sort.

Les faveurs de la fortune ne sont pas stables, ne t'y fie pas; et n'y compte pas, ses disgrâces ne sont pas éternelles; que l'espoir soutienne ton courage.

Il est difficile de bien supporter l'adversité; mais se montrer modéré dans la prospérité, est le comble de la sagesse.

Le bien et le mal sont la pierre de touche, qui te donnera la mesure de ta constance. Tu n'as que ce moyen de connaître l'étendue des forces de ton âme ; veille sur toi à leur approche.

Vois la prospérité, avec quelle douceur elle sait te charmer ; comme elle te dérobe insensiblement ta force et ta vigueur ? Quoique tu te sois montré constant dans le malheur, invincible dans l'infortune, elle a néanmoins l'art de te vaincre, parce que tu ignores que tes forces ne reviendront plus, quoiqu'il pourrait se faire que tu en eusses besoin ?

Les malheurs touchent même nos ennemis, les succès et le bonheur réveillent l'envie, au cœur même de nos amis.

L'adversité est une semence d'où la bonne conduite se récolte ; elle est la mère nourrice de l'héroïsme et de la hardiesse : celui qui a le nécessaire courrera des risques pour avoir davantage. Celui qui se trouve à l'aise, hasardera sa vie.

Mais la véritable vertu se conduit également dans toutes les circonstances; elle ne paraît jamais si grande que lorsqu'elle lutte contre les coups du sort.

Dans l'adversité, l'homme se voit abandonné de tout le monde, il voit toutes ses espérances concentrées en lui; il ranime son courage, il combat les difficultés qui lui cèdent la victoire.

Dans la prospérité il se croit en sûreté, et se figure qu'il est aimé de tous ceux qui, assis à sa table, lui sourient; il devient insouciant, nonchalant, il ne voit pas les dangers qui l'entourent, il se fie aux autres qui finissent par le tromper.

Il n'est point d'homme qui, dans le malheur, ne puisse se conseiller lui-même; mais la prospérité aveugle la vérité.

- Le chagrin qui conduit au plaisir, vaut mieux que la joie qui rend

l'homme incapable de soutenir la moindre peine, et qui finit par l'y plonger
tout vif.

Ce sont les passions qui nous portent à tous les excès ; la modération est
un effet de la sagesse.

- Sois toute ta vie intègre ; satisfait de
tous les changements qui te surviennent, tu pourras ainsi tirer parti de
toutes les circonstances, et tout ce qui
t'arrivera sera pour toi une source
d'éloges que tu auras mérités.

Le sage sait profiter de tout, et voit
du même œil les différents aspects de la
fortune ; il sait se rendre maître de la
bonne, vaincre la mauvaise, et ne se
laisse troubler par aucune.

Ne sois pas présomptueux dans la
prospérité, et ne te désespère pas dans
l'adversité ; ne cherche pas les dangers,
et ne te retire pas lâchement lorsqu'ils
se présentent ; ose dédaigner tout ce
qui t'abandonne.

Que l'adversité ne t'arrache pas les ailes de l'espoir; et que la prospérité n'obscurcisse pas les lumières de la prudence.

Celui qui désespère d'atteindre le but, n'y parviendra jamais; et celui qui ne voit pas le précipice, ne peut manquer d'y périr.

Celui qui a mis son bien-être dans la prospérité, qui lui a dit, c'est en toi que je place mon bonheur; qu'a-t-il fait? il a jetté l'ancre de son vaisseau sur un lit de sable, quand la marée remonte, elle l'entraîne.

Comme l'eau qui sort de la montagne pour se rendre à l'Océan, arrose en son chemin tous les champs qui bordent les rivières, et ne s'arrête en aucun lieu; ainsi la fortune en use lorsqu'elle rend visite aux enfants des hommes, son mouvement est perpétuel, elle ne saurait rester en place; elle est aussi légère que le vent, comment ferais-tu pour la fixer? Lorsqu'elle t'embrasse, tu te crois heureux, et quand tu te retourne pour la remercier, elle est déjà loin de toi, et a été trouver un autre.

CHAPITRE II.

La peine et la maladie.

Les maladies du corps influent sur l'âme, l'on ne saurait jouir de la santé de l'un sans l'autre.

La douleur est de tous les maux, celui qui se fait le plus cruellement sentir, et contre lequel la nature fournit le moins de remèdes.

Quand ta constance t'abandonne, appelle la raison à ton secours; quand la patience t'échappe, aie recours à l'espoir.

Souffrir est une nécessité à laquelle ta nature est condamnée; voudrais-tu qu'il se fît des miracles pour t'en préserver ? ou faut-il murmurer lorsque le mal arrive, quand tu vois qu'il en arrive autant aux autres ?

Il y aurait de l'injustice à vouloir être exempté de ce qui te vient de naissance ; soumets-toi humblement aux inconvénients attachés à ta condition.

Voudrais-tu dire aux saisons , ne vous succédez pas, je vieillirais ? Ne vaut-il pas mieux savoir supporter ce que tu ne saurais empêcher ?

Les douleurs qui se prolongent sont modérées tu devrais rougir d'oser t'en plaindre ; celles qui sont violentes ne se soutiennent pas, tu en vois tout-à-coup la fin.

Le corps a été créé pour être soumis à l'âme ; en accablant l'âme de ses peines, tu lui donnes un supérieur.

Comme le sage ne s'afflige pas qu'une épine ait déchiré son vêtement ; l'homme patient ne tourmente pas son âme , des maux qui surviennent à son enveloppe.

Chapitre III.

La Mort.

Comme on juge des opérations de l'alchimiste , par la production du métal, la mort est aussi la pierre de touche de la vie , le dernier essai qui sert d'étendard à toutes nos actions.

Veux-tu juger de la vie ? parcours-en toute l'étendue. C'est la fin qui couronne l'œuvre ; et quand la dissimulation disparaît, la vérité se montre.

Celui qui sait mourir , n'a pas mal employé sa vie ; on ne saurait lui reprocher d'avoir perdu son temps , lorsqu'il termine ses jours avec honneur.

Celui qui se dit qu'il doit mourir , jouit de la vie ; celui qui cherche à l'oublier , ne saurait prendre plaisir à rien ; sa joie lui paraît un objet de grand prix , qu'il s'attend à perdre à tout moment,

Veux-tu apprendre à mourir grandement? Que tes vices meurent avant toi. Heureux celui qui a su d'avance terminer les affaires de la vie; qui, lorsque l'heure arrive, n'a d'autres soins que celui de mourir; qui ne demande pas de délai, parce que le temps lui est désormais inutile.

N'évite point la mort, c'est une faiblesse; ne la crains point, tu ne saurais la comprendre. Tu n'as à ce sujet d'autre certitude, que celle de savoir qu'elle met un terme à tous les maux.

Ne crois pas que la plus longue vie soit la plus heureuse; celle qui est la mieux employée, est celle qui fait le plus d'honneur à l'homme; il jouira, après sa mort, des avantages qu'il aura su en recueillir.

Voilà L'ÉCONOMIE COMPLÈTE DE LA VIE HUMAINE.

Fin de la deuxième et dernière partie.

TABLE

DES MATIERES.

Fin de la Table.